おそれない

佐原光児

Sahara Koji

暗闇と孤独に届けることば

図書出版

ヘウレーカ

まえがき

「顔を上げる」という表現が好きだ。

人生には、すぐにはどうすることもできない苦悩や悲しみがやって来る。望まない突然の訪問にうろたえ、対処できずに打ちのめされることもあるだろう。そんなときには気持ちも滅入り、うつむいてしまう。また、わたしたちが歩む人生という道のりには、気づけば泥水に両足を突っ込んでいるようなやるせない出来事も起こる。涙で視界がにじむこともあれば、ちょっとでも下を向けば涙がこぼれ落ちる、まさに表面張力ギリギリの我慢も経験するだろう。わたしもそうしたことを幾度も経験してきたし、キリスト教主義学校の教員や牧師としてそうした状況を生きる人たちと向き合ってきた。

けれども、そこで思い切って顔を上げてみよう。

きっと見える景色は一変する。今までも確かに存在していたのに、見ようとしなかった世界が視野に飛び込んでくるからだ。顔を伏せていた時には足元しか映さなかった目は、同じ世界で共に生きる「誰か」を捉えることだろう。そして、気づかずにいた人の優しさや温かさが感じられるようになってくる。

「顔を上げる」というと、一般的には自信や勇気に満ちた仕草として受け取られることが多い。

しかし、わたしにはむしろ困難な中でも前を向こうとする人間の意地が感じられる。状況は厳しいにもかかわらず、「なにか」を信頼し、あるいは信じながら先を目指す姿が浮かび上がるからだ。それはまるで暗い夜を駆け抜けていく人の姿。傷を抱えながらも、その意味を大切に握りしめて前へと進もうとする。その時、その人の中には「自分の火」が灯《とも》され始めているはずだ。その炎は、同じように苦しんでいる「誰か」を照らし出してくれる。最後には、一緒に「なにか」を望みながら旅を継続していくだろう。

本書では、これまでわたしが出会ってきた人たちの言葉や姿、エピソードを紹介し、聖書と関わらせながら、悲しみや苦しみの意味を探っている。おそれないで、視野を少し変えて物事を捉え直すことを意識してみたい。このことを通して読書の皆さんと、傷と共に生きる人のしなやかさや、暗闇の中で意味（光）を見出す人の気高さ、そしてこのような人たちが織りなすつながりの可能性を共有したい。

目次

第2章　傷を抱えて生きる

第3章　自分の火を灯す

第4章　他者への目覚め

第5章　待ち望む

聖書の引用は『聖書　新共同訳』（日本聖書協会）に拠った。
本文写真：著者撮影

第1章　夜を駆け抜ける

顔を上げて

それぞれの「ぼっちだった道」

かつてアメリカの北カリフォルニアにある日系教会で牧師として働いていた時のことである。一九〇四年に日本人移民たちが立ち上げた教会で、わたしは二〇〇九年から約五年間半そこに勤めた。その頃は、まだ多くの日系アメリカ人の二世や三世の人たちがいたし、なによりも日本からの移民グループが多様なアクティビティを展開していた頃だった。

こうした移民の教会やグループの最大の魅力は、集会時のご飯が最高に美味《うま》いことである。ポットラックといって、それぞれが一品ずつ料理を持ち寄り、それらを皆で戴《いただ》くのだが、アメリカでの食事事情に飽きた人にとっては最高のご馳走となる。日系教会には、そうした集まりが年に何度もあって、ある時、参加者の一人が「上を向いて歩こう」を歌い始めた。するとその場の空気が一変した。多くの人が目を瞑《つむ》って歌声に耳を傾けている。涙を流している人もいる。この歌は、「上を向いて歩こう」と語りかけ、「涙がこぼれないように　思い出す　春の日　一人ぽっちの夜」と続く。また「にじんだ星をかぞえて　思い出す　夏の日　一人ぽっちの夜」とも歌う。

きっとこの歌を聴いていた人たちは、それぞれの「一人ぼっちの夜」を思い出していたのだろう。

その場にいたのは、言葉や文化が異なる異国の地で移民として生き抜いてきた人たちだ。文化の違いに戸惑い、理不尽なことや偏見と出遭うこともあっただろう。どうしたら良いかと涙を堪《こら》えながら、それでもなんとか顔を上げて乗り越えてきた夜（暗く厳しい体験）を、それぞれが抱えて生きていたに違いない。そこには第二次世界大戦中に強制収容所を経験した日系二世、三世もいた。アメリカで生まれ、アメリカ市民権を持っていたのに、戦争が始まると「敵性外国人」として家を追われた。そして、アメリカ本土の砂漠のようなところに建てられた収容所に収容されていく。いつ終わるとも分からない戦争の中で、どのように生きたらよいのかと苦悩する、そんな夜を生き抜いた人もいたのだ。

憤《いきどお》りの中、夜空を見上げる

創世記にアブラムという人物が登場する。元々はメソポタミア地方からパレスティナ地方へと移住してきた移民で、人生の大半を旅人として生きた人物である。ある時、神はアブラムに語りかけ、自分が指し示す場所に向かって旅をするように迫り、同時に、たくさんの子孫を与えると約束した。アブラムは後に神によって改名させられるが、「偉大な父」という意味のアブラムは、改名された名のように「多くの民《たみ》の父」（アブラハム）へと成長していくことになる。しかし、旅の前半ではいくら進めども、一向に子どもができる約束が実現しない。すでに高齢であったアブラムと妻サライ（のちにサラ）にはもう子どもは望めない。きっと、神の約束はもはや現実的でないと思っていただろう。そんなある夜に、神はまたアブラムに次のように語りかけてきたのだ。

これらのことの後で、主《しゅ》の言葉が幻の中でアブラムに臨んだ。「恐れるな、アブラムよ。わたしはあなたの盾《たて》である。あなたの受ける報いは非常に大きいであろう。」アブラムは尋ねた。「わが神、主よ。わたしに何をくださるというのですか。わたしには子供がありません。家を継ぐのはダマスコのエリエゼルです。」アブラムは言葉をついだ。「御覧のとおり、あなたはわたしに子孫を与えてくださいませんでしたから、家の僕《しもべ》が跡を継ぐことになっています。」見よ、主の言葉があった。「その者があなたの跡を継ぐのではなく、あなたから生まれる者が跡を継ぐ。」主は彼を外に連れ出して言われた。「天を仰いで、星を数えることができるなら、数えてみるがよい。」そして言われた。「あなたの子孫はこのようになる。」アブラムは主を信じた。主はそれを彼の義と認められた。（創世記一五章一―六節）

神が「あなたの受ける報いは非常に大きい」と語りかけた時、アブラムはそれまでため込んでいた想いを爆発させた。あなたが一体何をしてくださるというのか。約束した子どもさえも与えてくれないのに。もはや、この家を存続させるためには、奴隷の子を養子にするしかないではないか、と皮肉と怒りを込めて反論した。

わたしは、文句ひとつ言わない従順な人物よりも、こうして神に文句を言ったり、時に真剣にぶつかっていく人物が好きだ。問いや不満を抱え込んでしまう自分と重なるのだろう。なによりも、そうした人の想いを神はちゃんと受け止めてくださる、という想いもあるからだ。

夜空は大きな視野を学ぶ訓練の場

この物語は「子孫＝神の祝福」という古代の考え方が反映されているが、もう少し別の意味をこの場面にみたい。わたしにとってこの場面は、より大きな視野と計りで世界を見るように訓練される物語である。アブラムが文句を言った時、神はアブラムを家の外に連れ出した。当時の家は天幕《てんまく》と言われる、現代で言えばテントのような移動式住居である。移動しては天幕を張って休み、そしてまた次の場所へと向かう。

わたしは、ここでの天幕（家）はアブラムの思い込みや常識を指していると考えている。アブラムはそうした自分の殻に籠《こも》って、世界を判断していたのだ。しかし、神はアブラムをその外に連れ出して、顔を上げるように導く。そこには、天幕の中では認められなかった星々が夜空に輝いていた。どこまでも広がる暗闇の世界に数えきれないほどの星があるではないか。その圧倒的スケールを前に、アブラムが閉じこもっていた小さな殻は打ち砕かれてしまう。そしてもう一度、信じて生きることを決意する。つまりここから、より大きな視野と計りで世界を捉え直す生き方が始まっていく。その時、聖書は「アブラムは主を信じた」と短く報告する。これは、原文を直訳すれば、「アブラムは自分を確かにした。主において」となる。より大きな視野で生きること、見えないものを信じることは、自分を確かに、そして力強くすることでもあるのだ。

顔を上げて感情をコントロールする

ちなみに、聖書にはアブラムとは反対に顔を伏せてしまった人物がいる。聖書で最初の殺人を犯した人物として知られるカインである。カインは弟アベルと共に、人類最初の人間として登場するアダムとエバの間に生まれた兄弟である。農業と牧畜、それぞれ生業《なりわい》が異なるが、ある時に二人は自分にとって最上のものを神に献上しようとする。しかし聖書では、神は弟アベルの献げ物だけに目を留めたとされている。その時、この兄弟に決定的な亀裂が入ってしまう。その一連の流れは、以下の通りである。

さて、アダムは妻エバを知った。彼女は身ごもってカインを産み、「わたしは主によって男子を得た」と言った。彼女はまたその弟アベルを産んだ。アベルは羊を飼う者となり、カインは土を耕す者となった。時を経て、カインは土の実りを主のもとに献げ物として持って来た。アベルは羊の群れの中から肥えた初子を持って来た。主はアベルとその献げ物に目を留められたが、カインとその献げ物には目を留められなかった。カインは激しく怒って顔を伏せた。主はカインに言われた。「どうして怒るのか。どうして顔を伏せるのか。もしお前が正しいのなら、顔を上げられるはずではないか。正しくないなら、罪は戸口で待ち伏せており、お前を求める。お前はそれを支配せねばならない。」カインが弟アベルに言葉をかけ、二人が野原に着いたとき、カインは弟アベルを襲って殺した。（創世記四章一―八）

多くの人が察するように、カインは嫉妬にとらわれてしまったようだ。そして興味深いのは、その時のカインの状態を表現する言葉として、「顔を伏せた」と報告していることだ。人が顔を伏せる時、あるいは下を向いた時、何が見えるのだろうか。おそらく、自分の足元が見えるに違いない。ここでの顔を伏せるというのは、自分しか見えなくなる姿と考えてもよいだろう。こうして周りが見えず、自分の感情の中にどんどんと埋没していくカイン。神は、その時、「お前に間違いがないのであれば、顔を上げていられるはずだ」と顔を上げるように勧めるが、カインはその言葉に応えることができなかった。

もうひとつ興味深いのは、「罪は戸口で待ち伏せており、お前を求める。お前はそれを支配せねばならない」と神が語ったことだ。カインは、込み上げてくる嫉妬という感情を支配（コントロール）しなければならなかったのに、顔を伏せたことによって逆に自分の煮詰まった感情に身を任せてしまった。そして、沸き起こる激しい感情に支配されてしまう。その結果として起こったのが、弟を殺《あや》めるという行為だった。これは理性的な判断というよりも、感情に動かされた突発的な行動と言えるだろう。

カインという名前には、「造る」と同時に「槍」という意味がある。嫉妬は槍のように、相手を刺し貫いてしまうほど激しく、また先鋭化された感情と言えるだろう。ちなみに、神がなぜアベルの献げ物を選んだか、その理由は聖書で語られていない。これまで多くの研究者が持論を展開してきたが、わたしはその理由が語られていないことも、この物語において重要なポイントであると思っている。なぜなら、自分以外の誰かが優遇される時、認めざるをえないほど差があれば納得することもあるが、理由が分からない時ほど嫉妬は激しく燃え上がるからだ。

聖書における顔を伏せる意味

他にも、聖書では「顔を上げる」ことや「上げられない」ことの意味が推察できる箇所がある。例えば、エズラ記九章六節には、「わが神よ、御前《みまえ》に恥じ入るあまり、わたしは顔を上げることができません。わたしたちの罪悪は積み重なって身の丈《たけ》を越え、罪科は大きく天にまで達しています」と語られている。エズラ記は、バビロン捕囚からエルサレムに戻ってきた人々の物語を伝えている。そこに祭司エズラもおり、古代イスラエルの人々の有り様を観察する。その時に語ったのが、先ほどの言葉であった。ここでは罪悪を重ねた者として神に対面できない姿を、「顔を上げることができません」という言葉で伝えている。

また、次節のエピソードで詳しく触れるが、ヨブ記は義《ただ》しい人でも不幸を経験することがあるかというテーマを持っている。そこでは不幸を味わいながらも身の潔白を主張するヨブと、不幸の原因はその人にあるという当時の鉄則をもとにヨブを説得する友人たちとの論争が展開されている。その友人のひとりツォファルは、ヨブの不幸はヨブ自身に原因があると主張し、ヨブが心を入れ替えて正しいことを行い、神に向かって心を開けば、「その時こそ、あなたは晴れ晴れと顔を上げ、動ずることなく、恐怖を抱くこともないだろう」（一一章一五節）と訴えた。

こうしたことから分かるのは、聖書において顔を伏せるとは、罪や悪にとらわれた状態、相手を攻撃する激しい感情に埋没した姿や、後ろめたさを意味する。その一方、顔を上げるとは、晴々とした状態や恐怖を遠ざけた状態、より広い視野や世界に導かれた人の姿を指すと言ってよい。

見上げるためには足元も大切

もちろん、顔を上げてばかりではよろしくない。ずいぶん前になるが、高校に勤めていた頃のことである。夜遅くに電車で自宅最寄り駅に着いた。そこから自宅までは約一五分の道のりである。夜空にはいつもより二回りは大きく見える月が輝いており、「きれいなお月さまだ」と夜空を見上げて歩いていた。すると突然、ガクンという衝撃と共に目の前の景色が一変した。足元の段差に気づかず、思いっきり足首をひねっていたのだ。転んでしまえばよかったのだが、反射的に踏ん張ってしまい、変な角度で足首に大きな力が加わった。すぐに足はじんじんと腫《は》れ上がり、あと数百メートル歩けば自宅なのに、痛くてまったく歩くことができなくなった。結局、ひたすらタクシーが通るのを待ち続け、ようやく捕まえたタクシーに乗り込んでわずか数百メートルを王族のように運んでもらうことになった。

乗っているわずかな時間、後悔しっぱなしである。色んな感情が湧き上がってくる。足があまりにも痛くて、「骨折しているかも」という不安。なぜ、足元を見て歩かなかったのかという後悔。愚かな自分への憤り。「一〇〇mあたり何百円だろうか」なんてことも頭をよぎる。あのように惨めで、悲しいワンメーターはこれまで経験したことがないし、できれば二度と味わいたくはない。やはり足元を見ることも大切なのだ。

ここでいう足元とは、現実に地上で起こっている出来事になる。しかし、もっと大切なことは、今起こっている現実（足元）をしっかり認識しながら、それでもなお、その先に目線を向けられるかだろう。そして希望を見つけられるかということだ。確かに、今日のわたしたちの現実は、なかなか厳しい。新型コロナウイルスのパンデミックで味わったような閉塞感や苛立《いらだ》ち。他者への攻撃性。あるいは経済的な不安の中、明日への心配もあるだろう。さらには、自然災害は各地で頻発し、信じたくないような戦争や紛争が至るところで起こっている。そのような世界の中でわたしたちは生きていかなくてはならない。この苛酷な現実がわたしたちの立っている地上、足元になる。だが、その先にもう一度目線を向けるのだ。

ゴールが見えなくとも一歩を選び取る

今から六五年以上も前に黒人の人権のために命をかけて運動を指揮した人物にキング牧師がいる。非常に力強い人であったが、同時にわたしたちと同じような弱さも抱えていた。三九歳で暗殺される以前にも殺害予告と脅迫を何度も受け続けていた。その人生は英雄視されることが多いが、実際には女性問題を抱えていたり、暗殺の恐怖に怯《おび》えて眠れない夜を過ごした人でもあった。加えて、自分の判断によって多くの人の命が左右される重圧に苦しむ弱さも持ち合わせていた。その点では、わたしたちと変わらないひとりの人間だ。そんなキング牧師は次のような言葉を残している。

Faith is taking the first step even when you don't see the whole staircase.
信仰とは、たとえ階段のその高さや終わりが見えなくとも、最初の一歩を踏み出すことである。

もし課題や、これから登り続ける階段のゴールが見えていたら、「あと、もう少しだけの辛抱と我慢」と励みになるだろう。終わりが見えているからだ。しかし、人生には終わりの見えない階段や課題がいくつもある。苦しみや困難の終わりが見えず、目の前の階段がどこまで続いているのかまったく予想できないということが、わたしたちの人生には多い。その道は、打ちのめされるほど長いかもしれない。そう思えば怯《ひる》んでしまうし、諦めてしまうかもしれない。「逃げ出してしまおう」そんな想いが頭をよぎることもあるだろう。

しかしキング牧師は、たとえ終わりが見えなくても最初の一歩を踏み出させるもの、それが信仰なのだ、と主張する。一般的な言葉にすれば、「信念」と言い換えられるかもしれない。しかし、キング牧師が「Faith」という言葉を使う時、そこにはその不確かな道のりを支えてくれる神への信頼がある。

わたしたちの昇るべき階段、課題とは一体なんだろうか。目指すべき目的地とはどのような場所なのだろうか。それは、今、視覚では捉えることができないもの、そもそも見ることのできないものかもしれない。しかし、その見えないものを「見て」いくのだ。そしてそこに導いてくれる存在（神）を見上げて歩いていく。アブラムのような聖書の登場人物やキング牧師を押し出した力。たとえ目的地が見えなくとも、その一歩を踏み出させる力が、すでに神からわたしたちに与えられている。これこそ聖書が教える人生の旅人が持つべきスピリットである。

人生の「ホクレア」を探して

下ばかり見てしまう現実社会

　度々、ハッと気づかされることがある。それは、歳を重ねるごとに空を見上げることが少なくなったことである。直近では、新型コロナウイルスのパンデミックが本格化した頃になる。当時、感染防止のために会議などのミーティングはＺｏｏｍを使ったオンライン上へと移行した。また大学の授業も一気にオンラインへと切り替わり、授業担当者も受講生も同じ空間を共有せず、画面越しに向き合う関係へと変化していった。授業や学校業務時間外でさえ、オンライン授業のためのパワーポイント作りに明け暮れる。気づけば、一日のほとんどをパソコンの前で過ごすことになってしまった。皆が辛《つら》かったとは思わないが、きっとそうした現実の中で気持ちが沈んだ人もあっただろう。わたしもそのひとりだ。

　そんな日々を送る中、パソコン作業を終えて帰宅しようとキャンパスを出た時に、何気なく頭上を見上げた。すでに夜遅かったので、いくつかの星が目に入ってきた。それらが綺麗に見えたので、この星たちはわたしが気づかなくても、この時間帯にはいつも輝いていたんだなと思わされた。そして、最後に星を見たのはいつだったかと振り返り、子どもの頃には昼間には空を、夜には星を見上げる機会がもっと多かったと考えた。その一方で、大人になってからはずいぶんと下ばかり見ているじゃないか、という気持ちにさせられたのだ。そして年々、空をじっくり見上げたり、星を観察することが少なくなった実感だけが増している。

自分の外に確かな指標を持つ

聖書には、空や天体を仰ぐように勧められたり、指示される箇所がいくつか存在する。前節のエピソードでも触れたように創世記一五章はそのひとつで、神に対して失意と憤りを抱えたアブラム（後にアブラハムと改名）は、天幕から外へと連れ出される。まるで自分の殻を象徴するかのような小さな空間から出て、アブラムは人間を遥かに凌駕《りょうが》する天体の世界、人の認識や常識を超越する形で夜空に輝く星々を仰ぐように変えられた。

その他にも、詩編八編四―五節において「あなたの天を、あなたの指の業《わざ》を、わたしは仰ぎます。月も、星も、あなたが配置なさったもの。そのあなたが御心《みこころ》に留めてくださるとは、人間は何ものなのでしょう。人の子は何ものなのでしょう、あなたが顧みてくださるとは」と歌われている。天体の世界を造った神の働きやその偉大さを言い表す一方で、あまりにも取るに足らない人間の小ささについて語ろうとする。

またヨブ記には、ヨブという義人が登場し、さまざまな不幸を味わっていく。義《ただ》しい人が理不尽な出来事や不幸に出遭うことを「神は良し」とするのか、と神の正しさを問いかける神義論を扱う書物だ。そこでは、自分の義しさを主張するヨブと、不幸の原因はヨブ自身にあると説得を試みる三人の友人との間で論争が繰り広げられる。そして、終盤に四人目の友人エリフが登場し、ヨブと他の三人の友人を次のように戒《いまし》める。

天を仰ぎ、よく見よ。頭上高く行く雲を眺めよ。あなたが過ちを犯したとしても、神にとってどれほどのことだろうか。繰り返し背《そむ》いたとしても、神にとってそれが何であろう。あなたが正しくあっても、それで神に何かを与えることになり、神があなたの手から何かを受け取ることになるだろうか。あなたが逆らっても、それはあなたと同じ人間に、あなたが正しくても、それは人の子にかかわるだけなのだ。（ヨブ記三五章五―八節）

この発言も、天体の世界に目を向けさせることで、神と人間の決定的な違いに気づかせようとする。人のちっぽけさに気づかせると同時に、神の偉大さに目を向けさせようとする言葉だ。このように聖書においては、天体（の世界）が人間の儚《はかな》さと神の偉大さに気づかせる役割を担っている。空や天というレンズを通して、人は神の偉大さについてしっかりと認識するというわけだ。

ただし、申命記四章一九節には、「また目を上げて天を仰ぎ、太陽、月、星といった天の万象を見て、これらに惑わされ、ひれ伏し仕えてはならない。それらは、あなたの神、主が天の下にいるすべての民に分け与えられたものである」という言葉も登場する。これは、先ほどの聖書箇所とは異なる目的を持った言葉で、天体自体を神のように信仰の対象としないよう戒める。聖書の舞台であるパレスティナ地方の周辺世界では、当時、太陽や月そのものを信仰の対象とする宗教があり、それらと明確な区別を示すためである。圧倒される天体の世界もまた、神の創造の業の結果であり、あくまで人間と同じ造られたものだと主張する。ちなみに、新約聖書ではイエスが天を仰いで神に祈る場面が登場する（ヨハネによる福音書一一章四一節や一七章一節など）。これらは天体そのものではなく、神に心を向ける仕草として登場する。人が見上げる天体の世界は、わたしたちに大きな気づきを与えてくれるが、神として仰ぐものではない、というのが聖書の主張のようである。

ハワイ島マウナケアの天文学者

かつて、わたしは星が持つ役割の大きさについて教えられ、また自分の外に指標となるものを抱く重要性について学んだことがある。わたしがアメリカの北カリフォルニアにある日系教会で牧師をしていた時のことで、在米期間中に Pacific School of Religion という現地の神学大学院にも通っていた。わたしの研究分野がアメリカの日系移民たちの教会の歴史や神学であったために、ある時、研究調査としてハワイ州のハワイ島（ビッグアイランド）を訪れた。二〇一四年のことであった。

通常、観光地として日本でよく知られているのは、ホノルルがあるオアフ島であるが、ハワイ島はハワイ諸島最大の島で、キラウエア火山など雄大な自然が特徴である。ハワイ島にはヒロという町があり、そこにChurch of the Holy Crossという教会がある。これは、ハワイの日本人移民労働者の生活改善のために活動した岡部次郎という牧師が、一八九一年に創立した日本人教会をルーツとする教会である。その教会の日曜礼拝に出席した後、教会のメンバーたちから教会の歴史について伺っていると、ひとりの日本人を紹介された。その教会に通う天文学者であった。ハワイ島にはマウナケアという四二〇〇メートルを超える山がある。日本の最高峰である富士山が三七七六メートルだから、それよりも四〇〇メートル以上も高い。マウナケアは世界有数の天体観測地であり、頂上付近には最新鋭の大型望遠鏡が一三基ある。そのひとつは日本の「すばる望遠鏡」になる。そこに勤める天文のエキスパートだった。

その方と話をしていると、思いがけないことに、その晩の夕食（ＢＢＱ）に招かれることになった。さらには食後に、その人が運転する車でマウナケアの中腹まで連れて行ってくれることになった。初めて訪れるハワイ島、こうして天文学者に連れられて天体観測をすることになった。

夜の海を導くホクレア

頂上付近には特別な許可がないと入れないが、マウナケア中腹付近のオニズカセンターという所で、夜空を見上げながら星の観測が始まった。先ほどの天文学者はその中のひとつの星について話してくれた。ハワイの先住民を含むポリネシアの海を行き来する人々にとって特別な「ホクレア」という星で、ハワイ語で「喜びの星」という意味があるそうだ。他にも「導きの星」や「輝かしい星」と呼ばれることもあると言う。後で調べてみると、うしかい座の一等星アークトゥルスのことであった。

今でこそ、わたしたちは訪れたことのない場所でも、GPSやグーグルマップなどを使って目的地までのルートや、また自分がいる現在地を簡単に調べることができる。以前は、紙の地図が大活躍していた時代もあった。しかし、大昔、海の民であるポリネシアの人たちは、これらがひとつもない時代に、ホクレアという星を頼りに驚くほど長い海上の距離を舟で旅することができたという。その星との対話を通して自分がどこにいるか、これからどのように進めば良いかをほぼ正確に知ることができたそうだ。

天文学者と一緒にマウナケアから見た頭上の天体世界には、今までに見たこともない数の星が煌《きら》めいていた。新月だったので月の光が弱かったこともあるだろう。一見同じようだが、目を凝《こ》らして見れば星の明るさや色に濃淡があり、個性的である。また星の並び方も、どれひとつとして同じものはない。大昔、電気もなかった時代に海の上から認めることのできた星はもっと多かっただろうか。そうした数多《あまた》ある星々の中から、自分たちの道標《みちしるべ》となる星をたったひとつ選び取っていたのだ。この星の説明を聞きながら、わたしは目に映る数多くのものの中から確かなものを選び取る大切さを考えていた。

この天文学者も実にユニークで、逞《たくま》しい人であった。わたしよりも上の世代の方であるが、幼少期からすでに天体世界に興味を持っていたそうである。しかし、大学は理系に進みたいと伝えた時、当時の高校教師も親もすべてが大反対したという。口を揃えて「女性が理系に進んでどうする。結婚できないからやめておけ」と言われ、古い物の見方で押さえつけられたらしい。しかし、揺るがない信念を持つこの人は、周囲の雑音に負けなかった。反対を振り切って、大学は理系に進んだ。そして卒業時に、それまでの日本では女性が天文学の世界で働く前例がほとんどなかったため、自分は天文学を使って日本で働くことはできないと悟ったと言う。そこで、日本を諦めて世界に飛び出していった。そして最終的に、ハワイ島のマウナケアに辿り着いたのである。この人も自分を導く確かなホクレアを持っていた人だったのだ。

クリスチャンにとってのホクレア

聖書には、前述した顔を上げることを勧める箇所だけでなく、自分の目でしっかりと捉え続けることを教える箇所もある。例えば、ヘブライ人への手紙一二章一―三節がそうである。

こういうわけで、わたしたちもまた、このようにおびただしい証人の群れに囲まれている以上、すべての重荷や絡《から》みつく罪をかなぐり捨てて、自分に定められている競走を忍耐強く走り抜こうではありませんか、信仰の創始者また完成者であるイエスを見つめながら。このイエスは、御自身の前にある喜びを捨て、恥をもいとわないで十字架の死を耐え忍び、神の玉座の右にお座りになったのです。あなたがたが、気力を失い疲れ果ててしまわないように、御自分に対する罪人《つみびと》たちのこのような反抗を忍耐された方のことを、よく考えなさい。

ヘブライ人への手紙は、おおよそ紀元八〇年代に書かれたと言われている。著者も執筆場所も宛先も研究者の中で一致を見ていないが、執筆場所や宛先は、ローマか古代都市エフェソあたりではないかと言われている。また、手紙とあるが、最初の挨拶などがないことから、どちらかと言えば礼拝でのメッセージが集められたような書物だと説明されることが多い。

この聖書箇所では、わたしたちの人生をマラソンのような競技にたとえている。古代ローマの主要都市にはオリンピックを開催するような競技場があったというが、この手紙を書いた著者（キリスト教徒）は、その競技場で躍動する選手たちの姿からインスピレーションを受けたのだろう。しかし、著者はこの人生というレースを、他者との競争として描いているわけではなさそうだ。なぜなら、「自分に定められている競走を忍耐強く走り抜こうではありませんか」とあるからだ。そこには、誰かと競《きそ》うという発想よりは、それぞれに割り当てられた人生、自分の道のりや旅が想定されているのだろう。少なくともわたしにはそのように映る。

そしてこの手紙は、人生の道のりには辛いこと、足取りが重くなるようなこと、耐えなければならないことがたくさんあるのだと語る。自分に絡みつき、足取りを重くするさまざまな重荷や弱さを振り払いながら前進していく。心が折れるような出来事を数多く経験する人生にあって、この手紙の著者は「あるひとつのもの、ひとりを見つめ続けなさい」と勧めた。それがイエスであった。信仰の原点であるイエスを見つめながら、「自分に与えられたレース（人生）を最後まで走り抜こう」と呼びかけている。失敗や過ちも犯すだろう。しかし、イエスの忍耐とゆるしを覚えてその道を行きなさい、と語られているのだ。

この手紙の著者が特に強調したのは、苦しい時にこそイエスを見上げることであった。最後はローマ帝国の極刑である十字架で処刑されるほど、人のために苦しみや痛みを味わい尽くしたイエスが、あなたの前を走っている。だから、あなたは伏せた目線を上げて、常に前にあるイエスの背中を見据えて追いかけていきなさい、と語るのだ。「イエスなら、この苦境とどのように対峙するのか。イエスならどのようにこの難局を乗り越えていくのか」と考えながら、それぞれの人生を前進させていく。たとえ他の誰もが自分を見捨てたとしても、苦しみを知るイエスだけはあなたを理解し、離れず、常に前に立って進むべき道へと導いてくれると言うのだ。まるでポリネシアの人々にとっての導きと喜びの星「ホクレア」のように。この星を捉え続けることができれば、さまざまな困難を越えて、その長い道のりの先にある目的地まで辿り着くとされている。

違いを越えるため、視線はより遠く大きなものに

先ほどの天文学者との会話の中で、もうひとつ印象に残っている話がある。それはマウナケアまでの車中で「すばる望遠鏡」について聞いていた時のことである。わたしは、日本の「すばる望遠鏡」なので、そこで働いているのは日本人スタッフだけだと勝手に思っていた。しかし、その学者から聞かされたのは、当時は日本人スタッフ以外にカナダ、中国、インドのスタッフと共同プロジェクトを進めているとのことだった。この人と出会ったのは二〇一四年のことである。現在も似た状況と言えるが、当時は中国と日本の間で政治的緊張が高まっていた頃で、「戦後最悪の日中関係」と囁《ささや》かれていた頃だった。中国人スタッフと共同プロジェクトを進める上で、国家間の政治的緊張が支障となりはしないかと尋ねるわたしに、この天文学者はこう告げた。

わたしたちは普段、何億光年先のものを一緒に見ているんですよ。そのわたしたちからすれば、現在の日本と中国の政治的な諍《いさか》いやそれを煽《あお》ろうとする政治家たちの言動は小さく映るんです。わたしたちが普段、中国人スタッフを含めた他国のスタッフと共に捉えようとし

ているのは、何億光年も離れたもっと遠くて、もっと大きなものなんです。だから不思議と、今の国家間の政治的緊張が、わたしたちの間で問題になることはないんですよ。

素直にかっこいいと思えた瞬間であった。わたしたち人間の間には、国、文化、政治、言語、性別、セクシュアリティなどさまざまな違いがある。そして時に、偏見や激しい敵意を持って互いを見ることもあるだろう。しかし、そうした異なりや境界線を越えて相手と共に生きるためには、自分が何を見つめているのかが重要であると改めて教わった気がしたのだ。より大きな理想、共通して抱くことができる目標や指標を共に仰ぐことで、わたしたちの間にある違いを越えていく、そうした可能性を感じさせる話だった。

聖書にも似たような思いが記されている箇所がある。ガラテヤの信徒への手紙三章二六―二八節において、パウロは次のように語っている。

あなたがたは皆、信仰により、キリスト・イエスに結ばれて神の子なのです。洗礼を受けてキリストに結ばれたあなたがたは皆、キリストを着ているからです。そこではもはや、ユダヤ人もギリシア人もなく、奴隷も自由な身分の者もなく、男も女もありません。あなたがたは皆、キリスト・イエスにおいて一つだからです。

今日の世界でも、偏狭な理解を持つクリスチャンが他の宗教に対して、敵意や分断を撒き散らすことが現実としてあるが、この聖書箇所は、キリストを信じることは、多くの違いを越えてひとつとなることだと主張している。面白いことに、この違いを越えてイエスに結ばれた状態を、「キリストを着ている」と表現する。もはや「見つめる」や「仰ぐ」といった視覚的な表現を飛び越えて、一体になった状態として説明しようとするのだ。それは、肌触りのよい布がわたしを包み込むような心地よさに違いない。このような心地よさが、違いを越えて共に生きる先に待っている。

夜の向こうにある光を

看板がうたう人生の教訓

人生には、失ってからその価値を味わうことがある。できれば、そうなる前にその価値を知り、感謝できれば良いのだが、そううまくはいかない。そして、人生には失ってはならないものもある。

東京から東海道新幹線で関西に向かっていると、途中で富士山が見える場所がある。天気がよければ、なおのこと絶景だ。そしていつもはビルや山々に隠れて見えないけれども、富士山の裾野は想像以上の広がりを持つのだと実感させられる。さらに新幹線が進むと、ある場所で大きな看板が目に飛び込んでくる。そこには、大きな文字でこう書かれている。

無くしてわかるありがたさ　親と健康とセロテープ

わたしが初めてこの看板に気づいたのは、二〇〇八年のことであった。当時、わたしは京都で父の葬儀を終えて、東京の仕事場に戻る時であった。ちょうどその数日前の夜、兄から電話があった。父が病院に運ばれたこと、明日の朝までもつか分からないと医師から説明があったと告げられた。電話を切った後、わたしは急いで荷物をまとめ、連れ合いに送り出されて最終の新幹線に飛び乗った。

深夜に父が運び込まれた京都の病院に到着したが、彼が横たわるベッドの脇に立った時にはすでに会話ができない状態にあった。酸素ボンベが装着されており、目はうっすら開いているが、声による会話はもちろん、簡単な意思疎通さえできない。人は最期まで耳は聴こえているとよく言われるが、これまで牧師として人の臨終に立ち会った経験からも真実だと思う。意思疎通ができない父にわたしが到着したことを繰り返し告げると、目を少し見開いて何か言おうと口を動かす反応を見せた。一言も聞き取ることができなかったが、わたしがそこにいることは理解して話をしたように映った。そして、その数時間後に父親は召天した。

それから数日の内に前夜式と葬儀があり、たくさんの人が式への参列だけでなく、遺体を置かせていただいた教会に足を運んで、父との想い出を共有してくれた。この間、わたしはずっと、父が最後にわたしに何を言おうとしていたのかを考えていた。結局、答えは見つからず、この問いは父から出された人生の宿題だと考えることにした。自分もこの地上での命を終える時、立ち会う人たちにどのような言葉をかけることができるのか、その時に初めてこの答えが分かると思うことにしたのだ。

こうして数日が過ぎて、東京に戻る新幹線の中にわたしはいた。車窓からはゆっくりと流れるように見える遠くの明かり。それとは対照的に、新幹線は夜の闇を切り裂くように走っていく。わたしが何気なく目線を向けていた窓の外に、突然ライトに照らされた先ほどの大看板が飛び込んできたのだ。その文字を読んだ時、「そのとおりだ」と納得させられた。若い頃から反発していたせいか、腹を割って父親と会話できた記憶がほとんどない。どこかに照れもあっただろう。「もっと聞いておけばよかった」と思うことはたくさんあるが、父を失った今、それは実現しない。健康も同じだ。病に罹《かか》ったりして体調を崩すと、唐突にそのありがたさを実感する。人間はすこし愚かだ。若い頃に健康の話ばかりする大人たちを見て、あんな風にはならないと決めていたのに、今ではあちこちに不具合を感じるようになり、友人と会えば健康の話題がひとつは入る。どうやらあの時、入団拒否を決意したあの大人たちの仲間入りをしつつある。

失ってはならないもの

先ほどの看板は、失ってから初めて気づく人や物の価値があると教えるものだが、誰もが経験するような人生の教訓を含んでいる。同時に、人生には絶対に失ってはいけないものもある。存在の価値や使命にかかわるものだ。しかし、人間はこれらをしっかりと守り通せるほど常に強いわけではない。

他者からの目を気にするわたしたちは、人からの評価や比較によって自分の価値が大きく揺さぶられる。人から理不尽に叱責されたり、いじわるをされて自分の存在価値が大きく歪められることもあるだろう。他者からの扱いだけでない。自分でさえ、なんてつまらない奴なのかと、自らの価値をさらに貶《おとし》めることもある。

聖書にも大切な存在を手放したり、失ったことで、激しく後悔した人物がいる。例えば、イエスの一番弟子といわれたペトロがそうである。「最後の晩餐」という言葉で知られるイエス処刑前夜の夕食で、イエスはペトロに向かって次のような言葉を投げかける。ちなみに、シモンという名前がペトロの本名で、イエスと出会ってからペトロ（岩）と呼ばれるようになった。

「シモン、シモン、サタンはあなたがたを、小麦のようにふるいにかけることを神に願って聞き入れられた。しかし、わたしはあなたのために、信仰が無くならないように祈った。だから、あなたは立ち直ったら、兄弟たちを力づけてやりなさい。」するとシモンは、「主よ、御一緒になら、牢に入っても死んでもよいと覚悟しております」と言った。イエスは言われた。「ペトロ、言っておくが、あなたは今日、鶏が鳴くまでに、三度わたしを知らないと言うだろう。」（ルカによる福音書二二章三一―三四節）

このやりとりを見る限り、ペトロという人はとてもまっすぐな人だ。イエスが自分の死を予見させるような不穏なことを口にした時、「たとえ死ぬことになっても、あなたを離れないし、見捨てない」と言い切ってみせたのだ。その言葉にウソはなかっただろう。しかし、その数時間後にイエスが捕《とら》えられて裁判のために大祭司の家に連行された時、信じたくなかったことが起きる。最後の晩餐でペトロが熱い想いを吐露した時、イエスは「あなたは三度わたしを知らないと言う」と言葉を返したが、それが現実になってしまうのだ。

ルカによる福音書二二章五四―六二節には、その一部始終が記されている。イエスが捕えられた時、弟子たちはみな逃げたのだろう。しかし、ペトロだけは隠れるようにしてイエスが連れて行かれた大祭司の家にやってくる。なんだかんだ言ってもイエスの一番弟子だ。危険を犯してもイエスを見守らねばならない。多くの人がその屋敷の中庭にあるかがり火の近くに座り込んでいる。そして、ペトロもそこに腰を下ろした時、恐れていたことが起こる。その場にいた人に「お前はイエスと一緒にいたやつだ」と言われてしまったのだ。ペトロはすぐに打ち消したが、しばらくすると別の人からも「お前はあのイエスの仲間だ」と言われてしまう。もちろんペトロはすぐに否定するが、さらに追い込まれていく。ここで去ってしまうと逆に怪しいと考えたのだろうか。一時間ほど粘っていると、また別の人が「お前はやっぱりイエスと一緒にいたやつだ。同じガリラヤ出身者だから」と言ってくるではないか。平静を装って何気なく交わした会話からガリラヤの方言を見抜かれてしまったのかもしれない。

ペトロが完全にイエスとの関係を否定した時、鶏の鳴く声が聞こえた。その時の情景を、聖書は次のように描写している。

主は振り向いてペトロを見つめられた。ペトロは、「今日、鶏が鳴く前に、あなたは三度、私を知らないと言うだろう」と言われた主の言葉を思い出した。そして外に出て、激しく泣いた。（ルカによる福音書二二章六一―六二節）

ペトロは、今まさに、この時までかろうじて保っていたイエスとの関係を手放した。そしてこの後、イエスの処刑はもう誰にも止められない。ペトロの涙には、まさにその関係を失った事実の重大さが示されているだろう。あれだけ、イエスの前で威勢のよいことを言っておきながら、いざ追い込まれるとこの様《ざま》である。わたしと同じように、自分の中にペトロと同じ弱さを認める人は意外に多いのではないだろうか。

時々、聖書は面白いと思うことがある。例えば現在、ローマ・カトリックの教皇は二六五代を超えているが、ペトロこそがその初代であり、一二弟子と言われるイエスの中心的な弟子たちの中でもリーダーとして見られることが多い。それは、マタイによる福音書一六章一八―一九節で「わたしも言っておく。あなたはペトロ。わたしはこの岩の上にわたしの教会を建てる。陰府《よみ》の力もこれに対抗できない。わたしはあなたに天の国の鍵を授ける。あなたが地上でつなぐことは、天上でもつながれる。あなたが地上で解くことは、天上でも解かれる」と書かれていることも大

きいだろう。そしてイエスの死後、多くのキリスト教信者たちを指導するような実力者となったペトロの醜態を、福音書はわざわざ記しているのだ。普通に考えると、修正したり、揉《も》み消そうとするようなスキャンダルである。この裏切り者が偉そうに言ったって誰も信用してくれないからだ。もしかしたら、隠せないほど、誰もが知っていた裏切りだったのかもしれない。とにかく、聖書は自分たちに不都合であっても、人間の弱さをちゃんと描くことが多い。

ゆるしと愛が人間の価値を支える

涙を流したペトロは、それまでのイエスとの関わりを思い出していたかもしれない。ガリラヤ湖で漁をしていた時に、突然「人間を獲《と》る漁師にしよう」と声をかけられた最初の出会い。約三年間の伝道生活では寝食《しんしょく》を共にし、時に長旅もした。湖で溺れそうになったこともあったし、サタン呼ばわりされて叱責された苦い思い出もある。厳しいけれども、いつも自分と向き合って言葉を語り、神を愛するのと同じように自分や隣人を愛するよう教えてくれたイエス。神を身近な友とする生き方を、言葉と背中で示してくれたイエス。「岩」を意味するペトロという名づけ親はイエスだ。ペトロの涙は、そのイエスとの関係を失ったこと、そこにあった価値の喪失を思う涙でもある。そして同時に、イエスの信頼に足る一番弟子という自分が砕け散ったことを意味する。

けれども、この涙には別の意味も想像することができる。少なくともイエスは、自分が裏切られたとしても、ペトロとのつながりを失うとは考えていなかったようだ。そして、ペトロの存在価値を切り捨ててもいない。なぜなら、イエスは「わたしはあなたのために、信仰が無くならないように祈った。だから、あなたは立ち直ったら、兄弟たちを力づけてやりなさい」とペトロに向かって発言しているからだ。イエスは弱さを抱えたペトロの信仰がなくならないように祈り、たとえ一時期それを見失ったとしても、また取り戻して立ち直ることを信じている。ペトロが涙した時、このイエスの言葉も思い出していたのではないだろうか。つまり、この涙は、イエスのゆるしや愛に触れた人が流す涙でもある。弱さを抱えた人が自らの価値を取り戻すことができるのは、このように、自分をどこまでも受容してくれる存在に出会った時なのかもしれない。そして、聖書はそれを、愛やゆるしという言葉で表現する。

実はペトロは、イエスとの関係もつながりも何ひとつ失ってはいなかったのだ。当然、彼自身の価値も失われていない。だからこそ、ペトロは立ち直ることができ、その後自分のすべきことを全《まっと》うすることができたのだろう。イエスの死後、批判されることを覚悟の上で、イエスを宣《の》べ伝える道を選び直すことができたのだ。

暗闇は光がそばまで来ている証《あか》し

人は、自分の存在価値や使命を見失うことがある。それほど厳しい体験や出来事が人を襲うことがあるからだ。そのような時、少しの気づきでわたしたちは立ち直ることができるかもしれない。

志樹《しき》逸馬《いつま》という詩人がいる。一九一七年に山形県に生まれた志樹は、一三歳でハンセン病と診断され、東京にあるハンセン病療養施設多磨全生園《ぜんしょうえん》に入る。その後、岡山県の長島愛生園《あいせいえん》に移って、養鶏の働きをする傍ら一七歳くらいの時に詩の創作を始めたようである。彼は、二五歳でキリスト教の洗礼を受けたクリスチャンでもあり、信仰に関する詩も多く残している。そして一九五九年に四三歳の若さでこの世を去った。

ハンセン病とは、らい菌による感染症で、病名は一八七三年にらい菌を発見したノルウェーの医師アルマウェル・ハンセンに由来する。かつて日本では「癩病《らい》」と呼ばれていたが、差別を助長するとしてハンセン病と呼び直されることとなった。感染力は非常に弱いが、発病し、放置すると身体中の突起箇所の崩れや失明など外見に大きな変化をもたらす病でもある。そして、その見た目から苛烈な差別を招いた病気のひとつであった。ハンセン病患者は一九〇七年の「癩予防ニ関スル件」から一九九六年のらい予防法撤廃まで約九〇年間、絶対隔離の政策を強いられた。これは優れた遺伝子を残し、弱い遺伝子を駆逐して強い日本を作り上げるという当時の国策とも深く関係していた。また隔離生活では、家族や社会との関わりを強制的に奪われたり、断種（子どもができなくする手術）を強制されるなど、その人権侵害は激しいものであった。そうした苦しみの中を生きながら、志樹は多くの詩を生み出した。その中に「夜に」という詩がある。

おまえは
夜が暗いという
世界が闇《やみ》だという

そこが
光の影に位置していることを知らないのか

じっと目をつむってごらん
風が　どこから吹いてくるか
暖いささやきがきこえるだろう

それは
いまもこの地球の裏側で燃えている

太陽のことばだよ
おまえが永遠に眠ってしまっても
新しい光の中で
おまえのこどもは　次々に生まれ
輝いている　変らない世界に住むのだよ

（志樹逸馬『新編　志樹逸馬詩集』）

わたしにとってこの詩は、すぐそばまで光が届いていることを教えてくれるものだ。わたしがもし夜の闇を生きていたとしても、地球の反対側は昼であり、光に満たされている世界がある。影にいるばかりに完全な闇の世界にいると錯覚しているわたしに、この詩は別の世界があることを指し示してくれる。じっと目をつむり、身体全体でその光のありかを探すことを力強く、そして優しく教えてくれるのだ。

自分に届いた光を照らし返す

聖書にも、同じようなニュアンスを含む言葉が語られている。例えば、イザヤ書六〇章一―二節には、次のような言葉が登場する。

起きよ、光を放て。あなたを照らす光は昇り、主の栄光はあなたの上に輝く。見よ、闇は地を覆い、暗黒が国々を包んでいる。しかし、あなたの上には主が輝き出で、主の栄光があなたの上に現れる。

この聖書箇所は、キリスト教の教会や学校で、クリスマスの時期に合わせてよく読まれるものである。それは、ここでの人を照らす光や栄光を、クリスマスに誕生する救い主イエスだと理解するからである。イザヤ書は、箇所によって三つに区分することができ、それぞれ想定されている時代が異なる。この六〇章は第三イザヤと呼ばれ、バビロン捕囚後が想定されている。紀元前六世紀後半、ユダ王国は新バビロニア帝国との戦争に敗れ、多くの人々がバビロンに連れて行かれ、戦争奴隷として生きた（バビロン捕囚）。約六〇年後にそこから自由にされ、故郷に戻ることができた。

では、解放された後は、自由に希望溢れる生活を始めたかといえば、そうではなかった。故郷のかつて神が臨在すると信じられていたエルサレム神殿は戦争時に破壊されたままであった。その姿はまるで自分たちの境遇を表すかのようにみすぼらしかったに違いない。同時に、研究者の多くは、ただでさえ生活が厳しい社会状況の中、多くの戦争奴隷がバビロンから戻ってきたことで急激な物不足に陥り、生活は困難を極めたと推察している。解放後しばらくはそうした状態が続き、それが「闇は地を覆い、暗黒が国々を包んでいる」という言葉で表現されているのだろう。しかしイザヤ書は、そうした中でも、光はあなたに届いていると告げるのだ。「起きよ、光を放て」というのは、その人自身が輝くのではない。神からの光をしっかり全身で受け止めてそれを反射しなさい、という意味である。だから、自分自身の中に確たるものを求めることも大切だが、このように常に自分に価値と輝きをもたらしてくれる存在に心を向けることも重要なのだ。この言葉も、志樹の詩のように、あなたの価値と使命を取り戻してくれる光はすぐそこまできていることを伝える言葉だ。

わたしたちはしばしば大切なものを見失ってしまう。しかし、その価値をもたらしてくれる存在は決して見失ってはいけない。

第2章　傷を抱えて生きる

「弱さ」の価値

弱さを抱える人間をたとえるなら

わたしたち人間は、弱さを抱えながら生きている。それぞれ内容は異なるだろう。強くありたいと望みながらも、多くの人がこの弱さに振り回されているに違いない。「自分は完璧だ」と言わんばかりの自信に満ちた人に出会うことがあるが、本人がそう思っているだけで、周囲の人には人間的未熟さや粗さ、脆さが感じ取られていることは多い。実は聖書において「弱さ」に注目した人がいる。それがパウロである。パウロはユダヤ教からキリスト教に回心した人物で、一世紀中頃に三度の伝道旅行を通してキリスト教を広い世界へと宣べ伝えたことで知られている。彼は弱さと向き合いつつ、そこに価値を見出そうとした人であった。

聖書には、パウロが残した手紙がいくつも収められているが、コリントの信徒への手紙二の四章六—一〇節には次のような言葉が書かれている。

「闇から光が輝き出よ」と命じられた神は、わたしたちの心の内に輝いて、イエス・キリストの御顔に輝く神の栄光を悟る光を与えてくださいました。ところで、わたしたちは、このような宝を土の器に納めています。この並外れて偉大な力が神のものであって、わたしたちから出たものでないことが明らかになるために。わたしたちは、四方から苦しめられても行き詰まらず、途方に暮れても失望せず、虐《しいた》げられても見捨てられず、打ち倒されても滅ぼされない。わたしたちは、いつもイエスの死を体にまとっています、イエスの命がこの体に現れるために。

パウロは、わたしたち人間を「土の器」だと言い表す。「土の器」とは、神と向き合う人間を表す聖書の伝統的なたとえで、脆さや弱さ、欠けを象徴する表現である。確かに、素焼きの器はぶつければ欠けるし、落とせば粉々に砕け散ってしまう。同じように、わたしたちの身体も衝撃が加われば骨が折れたり、皮膚に傷を負う。身体だけではない。心もまた土の器というべき脆さを抱えている。誰もがそうした脆さを抱えながら、今を生かされていると言えるだろう。そして人間はやがては土に戻っていくような儚《はかな》い存在でもあるのだ。

金属でもガラス細工でもない「土の器」

「土の器」は、脆いだけでなく表面もざらざらしており、粗野なイメージが伴う。どうせなら、落としても割れない丈夫な金属の器や、たとえ脆くても装飾豊かで華やかなガラスの器でありたいと人は願うだろう。だから、人は身体を鍛えたり、あるいはより良く見せようと着飾ったりするわけだ。しかしながら、聖書はあくまでも「土の器」という表現にこだわっているように思える。それは、脆さを表現すると同時に、一人ひとりが神の手作りであることを表すからに違いない。

わたしたち人間は、鋳型《いがた》に流し込まれる金属や、型にはめられていくプラスチック製品のように同じ物が複数作り上げられたものではない。エレミヤ書一八章に、神である陶工がろくろを使って人を作り上げる描写があるように、わたしたち一人ひとりが陶工の手で練り上げられていく器のイメージなのだ。手作りであるため、同じものはひとつとしてない。だからこそ各々に特徴があり、時に傷やクセを持ち合わせている。

なによりパウロが人間を「土の器」と言い表したのは、おそらく彼が弱さや欠けに敏感だったからだろう。パウロは何かしらの病、あるいは障がいを抱えていたと言われている。このために伝道旅行が思うように行かず、途中で頓挫《とんざ》することがあった。その時の悲痛な想いをパウロは手紙にいくつか書き記している。さらには、コリントの信徒への手紙二の一〇章一〇節には、「手紙は重々しく力強いが、実際に会ってみると弱々しい人で、話もつまらない」と他人からの自分の評価を書いている。初代教会において大きな影響力を持ったパウロもまた、人前でうまく話せなかった経験があったのかもしれない。パウロが土の器と言う時、それはまず弱さや欠けを抱えた自分自身を思い描いていただろう。

愛の言葉は傷を埋めていく

わたしはこれまで複数の学校で教える立場として働いてきたが、逆に学生や生徒から聖書の豊かな意味について教わることが多かった。以前、死や生について考察する大学の講義において、荒れ野で悪魔から誘惑を受けた際のイエスの返答「『人はパンだけで生きるものではない。神の口から出る一つ一つの言葉で生きる』と書いてある」（マタイによる福音書四章四節）を紹介したことがある。これは、イエスが宣教活動を開始する直前に悪魔から誘惑を受けた時の返答である。「パンだけで生きるものではない」というのは、生きるためにはパンが必要であることを認める発言だ。しかしイエスは人間を、餌さえ与えられれば生きていける家畜のようには捉えなかった。「食べ物以外に人を突き動かし、生かすものがある」とイエスは信じていたのである。イエスにとって、それは神の「ことば」であった。

この授業では、若者の自死数の増加やコロナ下における同調圧力や攻撃性、SNSでの言葉を取り上げながら、「イエスは食べ物以外に、人を生かすものがあると信じているが、皆さん（学生たち）にとって人を生かすものとは何だと考えるか」と問いかけた。

リアクションのひとつとして、ある学生が自身の引きこもり体験を教えてくれた。その学生は引きこもっていた時、「変化のない生活に生きる意義を見出せなかった」と語った。外部との接触を断って部屋に閉じこもり、栄養を摂《と》るだけの毎日。この状況ではパン（食べ物）は用意されている。しかし、そんな生活に意味を感じられず、生きることで親に負担をかけるだけなら死んだほうが良いと考えていたそうだ。では、なぜその学生は引きこもりから脱出し、生き抜くことができたのだろうか。学生によれば、そこに「ことば」があったからだ。

今日も学校に行かないことをわかっていても、母親が毎朝、部屋の扉の向こうから呼びかける。起床の時間になると「○○、朝だよ」と名前を呼び、しばらくすると、「○○、仕事に行ってくるね」と声をかける。自分は一度も返事をしないのに、毎日必ず繰り返される。母親が仕事に出かけた後にリビングに行くと、テーブルの上に書き置きがある。それも毎日だ。すべて自分に向けられた言葉であった。時には、長文の手紙が置かれていたこともあったそうだ。生きる意義を見出せない中、その学生は次第にその手紙を読むことが楽しみになり始めたという。

この学生はそれまで当時の体験を深く考え直すことはなかったようだ。しかし、授業で紹介された聖書箇所を通してかつての出来事を思い起こし、引きこもり当時、母親の言葉が自分の生きる糧となっていたと気づいたそうだ。あの時に母の言葉がなかったら、おそらく今の自分はなかっただろう、と伝えるその学生の体験は印象的であった。

ある演出家が見つめた「語れない理由」

かつて竹内敏晴《としはる》という演出家がいた。彼は耳の病気で一六歳くらいまでうまく音が判別できない苦い体験を持っていた。それゆえ語ることも苦手だった。だからであろうか、言葉と身体の関係を見つめて培った自身の理念をやがて教育現場で実践しようとした人でもあった。竹内が特に見つめたのは、「言葉が出てこない。うまく語ることができない」事象であった。彼は、その原因を社会が歪んでいるからだと興味深いことを語った。社会の歪みによって人格も歪み、身体や言葉が凍りついていく。だから言葉が出てこない。そのように考えた竹内は、教育にはその歪みから少しずつ解放する努力が必要だ、と主張した。

先ほど紹介した学生も、何かしらの形で社会の歪みに晒《さら》されて、自分を閉じ込めざるをえなくなったのかもしれない。心も身体も凍りついていき、ヒビが入っていく土の器だ。しかし、学生にとっての母の言葉のように、愛の言葉は歪みや不信感を解きほぐしていくことがある。

竹内は、著書『ことばが劈《ひら》かれるとき』の中で、「話しかける」ことについて次のような面白い言葉を残している。「話しかけるということは、こえで相手のからだにふれること、相手とじかに向かいあい、一つになることにほかならない」。興味深い表現だ。語りかけることは相手の存在に触れることであり、その出来事の中で共に生きている事実を発見する、と言うのだ。

パウロも同じことを見つめていただろう。冒頭で引用した聖書箇所の中で、パウロは脆く弱い土の器の中にこそ神から与えられた宝があると宣言している。それは、十字架で苦しみ抜いた先で、神の栄光を示したイエスを知る光だと主張する。パウロが書いているように、脆い土の器であるわたしたちの人生には、数多くの苦難や試練が訪れる。時には「四方から苦しめられ」とあるように、出口のない絶望もあるだろう。同時に複数の苦しみが襲ってくることさえ起こりうる。例えば、パウロはキリスト教に転向したことでユダヤ教徒からは裏切り者として、キリスト教徒からはスパイとして疑いの目を向けられた。そうかと思えばキリスト教の党派争いに担ぎ上げられたこともあったし、伝道活動をしたことで獄中生活も経験している。伝道活動が頓挫する苦しみも度々経験した。

土の器である自分にヒビが入り、割れてしまうような体験の中で、パウロにとっての希望は、十字架という苦しみを経て復活（立ち上がり）を示したイエスであった。だから、自分が経験するこの苦しみは終わりではないと信じ続けたのだ。本書の中で何度か触れることになるが、パウロもたとえ神を信じていても苦しみや苦難は起こると考えている。パウロの理解では、苦しみは決して信仰の浅さゆえに起こるものでもなければ、神の罰でもない。たとえ立派な信仰者であっても、人の弱さや環境によって強いられる数多くの苦難を経験する。しかし、そこでイエスを知り、その苦難を乗り越えていく大切さを語っているのだ。

闇の中でこそ光は輝き出る

冒頭の聖書箇所において、もうひとつわたしが大切だと考えていることがある。それはパウロが、創世記冒頭に登場する神の語りかけ「闇から光が輝き出よ」を引用した点である（創世記では「光あれ」)。闇と混沌を切り裂く神のことばだ。創世記冒頭の創造物語は、バビロン捕囚時代に編纂《へんさん》されたと言われている。だから創造以前の闇と混沌は、この世界が作られる前の状態というよりも、戦争に負けて遠い新バビロニア帝国に連れて行かれた奴隷の状態、混沌と出口のない闇や絶望、苦しみを描いていると考えてよい。そうした人の絶望に、神はことばと光を投げかけておられると宣言して聖書は開始される。ここでの神の光とはどんなものなのだろうか。それは絶望や暴力にさらされ、奴隷として価値を認められない人たちを照らし、その存在が見えるようにする光、ことばだったはずだ。奴隷として搾取され、見えなくされた人たちの存在が、神のことばと光のもとに認められていく。

だからパウロは苦しみの中でこそ、神は関わってくださると宣言した。打ちのめされるような闇の中でこそ、神は「光あれ」ということばをわたしたちに向かって語りかける。先ほどの演出家の言葉を借りれば、語りかけることでわたしたちに触れて、共に生きている事実に目を向けさせる。たとえ尊厳を踏みにじられる中にあっても、神は「わたしにはあなたが見える」と語り、この暗闇の中でも共に道を切り開いていこうと語るのだ。状況が、パウロが語るように四方から苦しめられ、打ち倒される経験の中にあってもだ。神の「光あれ」ということばは、そうした闇の中でこそ人に触れて、その存在を回復していく。

パウロは、人は苦しみの中でこそ「キリストの福音と出会う」と考えた。言葉を変えれば、苦しみの中でこそわたしたちはキリストと出会い、福音の真髄に触れていく。たとえ自分は弱くとも、この存在の中に神が強く関わっておられることを弱さの中で知るのだ。

「上から変わる」ことはいくつになっても

人は、いつ変わることができるのだろうか。日本の感化事業のパイオニアともいうべき存在に留岡幸助《とめおかこうすけ》(一八六四―一九三四)という人がいる。彼は商人の家に育ち、士族の子からの暴力など身分階級による理不尽さに苦しむ少年期を過ごした。やがて神の前では誰もが等しく尊いと説いた外国人宣教師の言葉に心を打たれてキリスト教に惹かれ、後に同志社に通って牧師となった人である。

留岡は、監獄に収容された囚人たちを訪問する教誨師《きょうかいし》として受刑者の待遇改善に取り組み、また渡米してアメリカにおける監獄や感化事業を見学し、独自の理念を日本で展開し、北海道と東京の巣鴨(後に高井戸に移転)に家庭学校を作ったことで知られている。いわゆる素行の悪い少年たちを塀に囲まれた監獄ではなく、家庭のような愛情あふれる環境に置くことで更生を試みたのであった。彼は、「愛是最堅之牆壁也《あいこれさいけんのしょうへきなり》」(愛こそ最も強固な障壁である)を理想に掲げた。当時の一般的な考えは、犯罪者には相応の厳しい罰を科し、高い塀の中に閉じ込めておくべきというものであった。しかし、留岡は犯罪に至るにはそれだけの理由と背景があることを見て取った。だから、家庭的な環境の中でキリスト教の愛を注ぎつつ人の更生を実践しようとした。現在、東京家庭学校は養護事業を展開し、加えて三つの保育園（上水保育園、清水保育園、高井戸保育園）があり、創立以来の理念が大切に実践されている。

家庭学校の礎を築いた留岡は牧師でもあったため、礼拝メッセージなどで、子どもの性質を大理石や田畑にたとえて話したようである。親を彫刻家や画工、あるいは農夫と見立て、ノミの当て具合や耕し方によって子どもはいくらでも変わってしまうと主張した。また留岡は、更生は若い時がよいと考えていたようだ。曲がった木をまっすぐに矯正することは若くしなやかな時にこそ可能であり、硬い大木に成長してからでは容易ではないということだ。これは、自然への洞察を含んでいるが、長く感化事業に取り組んだ留岡の実感だったのだろう。

若いほうが変化に柔軟であるということは真実だろう。しかし同時に、留岡が信じたキリスト教は、人はいつでも変わることができると教える宗教でもある。ヨハネによる福音書三章三―八節に、次のようなイエスとニコデモのやりとりが記述されている。ニコデモは、イエスの論敵として聖書によく登場するファリサイ派（ユダヤ教の一派）に属する議員であった。「ファリサイ派」には分離者という意味がある。宗教規則である律法を特に重んじ、それを守らない人々から自分たちを区別（分離）することで知られていた。

「はっきり言っておく。人は、新たに生まれなければ、神の国を見ることはできない。」ニコデモは言った。「年をとった者が、どうして生まれることができましょう。もう一度母親の

胎内に入って生まれることができるでしょうか。」イエスはお答えになった。「はっきり言っておく。だれでも水と霊とによって生まれなければ、神の国に入ることはできない。（中略）風は思いのままに吹く。あなたはその音を聞いても、それがどこから来て、どこへ行くかを知らない。霊から生まれた者も皆そのとおりである。」

イエスの発言を聞いたニコデモは、「新たに生まれる」ことをもう一度誕生することだと理解し、それは不可能だと考えた。しかし、イエスの発言の「新たに」とは「上から」という意味がある。ここでの上は神を指している。つまり神の与える上からの力（聖霊）によって新しく生きていくことを意味する。ちなみに、風も聖霊も息も見えない。しかし、木の葉が揺れていれば風が吹いていると分かり、風が身体に当たれば実感することができる。そうした目には見えない神の働きがあり、その力に押し出されて、人は新しく生きていけるとイエスは教えていたのだ。だから留岡も相手が変わることを信じて向き合い続けた。

金継《きんつ》ぎが映し出す傷の魅力

脆い土の器であるわたしたちは、新しく生きるといっても一から作り直されるわけではない。だから当然、それまでの傷を抱えて生きることになる。しかし、「新しく生きる」ということは、その傷に価値を見出して生きることではないだろうか。

「金継ぎ」という伝統的な修復技法がある。ヒビや割れた箇所を漆《うるし》で修復し、接着部分を金などの金属粉で装飾する。そして傷自体をその器の美しさや個性として表現する。多くの人は、自分の傷や欠けは知られたくないと考え、できれば無かったことにしたいと思うだろう。しかし、後にその体験こそが自分にとってなくてはならなかったもの、自分を構成する重要部分だと気づくことがある。この時、傷はそれまでとは異なる価値を持ち、その人自身の美しさに変えられる。まるで金継ぎのように。そこには傷を修復した存在（神）への感謝が宿るはずだ。

パウロは、コリントの信徒への手紙二の一二章で、自分に降りかかる苦難を取り除いてほしいと神に祈った体験を記している。パウロはこの時、神から「わたしの恵みはあなたに十分である。力は弱さの中でこそ十分に発揮されるのだ」という返答があったと伝え、「だから、キリストの力がわたしの内に宿るように、むしろ大いに喜んで自分の弱さを誇りましょう」と書いている。パウロも葛藤を通して弱さに秘められた価値に気づかされたのだ。

イエスの生涯を見れば、なんと多くの傷を抱えた土の器（人）たちと関わったのだろうかと考えさせられる。それぞれにクセがあり、傷がある。悲しみがあって辛さがある。イエスはこうした傷に触れ、価値を見出し、そして力強く送り出す。その時、わたしたちの前には新しい道、生き方が広がっているのだ。

委《ゆだ》ねて生きる

神を信じるのは弱いこと？

何かを信じて生きることは強いことなのか、それとも弱いことなのか、人によって意見が分かれるところだ。「信頼」という言葉を使う時には、どちらかと言えば力強いイメージが先行するが、「すがる」という言葉を使ってしまうと、極端に弱さが強調される。特に、何かしらの宗教に属する信仰者には、この「すがる」というイメージが結びつけられるために、一般的には「弱い人」として見られることが多い。

かつてわたしがキリスト教主義の高校で働いていた時のことである。二年生の担任をしていたわたしは、自分のクラスの生徒と何気ない会話を交わしていた。なぜ、そのような話になったかは思い出せないが、その会話の中で、ふと次のような言葉を生徒から受けた。

おれ神とか信じてないんすよ。神にすがるとか、なんか弱い人のやることみたいじゃないっすか。

この生徒は一年生の時にもわたしが担任を務めており、二年間でそれなりの信頼関係が築かれた上での発言である。とはいえ、この発言は鋭く心をえぐってくるもので容赦がない。何よりもわたしが聖書科教員で、また牧師でもあることを知った上での言葉であるからなおさらだ。こちらの受け取り方を誤れば大論争に発展してもおかしくない。しかし、誤解のないように書いておくと、この言葉を発した時の生徒には、自分の発言がわたしを傷つけるかもしれないという気遣いや戸惑いも感じられたので、言いたいことは言うけれども、悪意のない優しい生徒である。

「じゃあ、なにであれば信じられる?」とわたしが聞き返すと、その生徒は「自分を信じている。あるいは、この世界の成功者の言葉なら信じられる」と返答したのだった。現世的に見れば、確かに十字架上で死んだイエスは成功者ではなく失敗者だったか、と改めて納得させられる発言である。それにこの生徒の発言、「自分を信じる」という想いはとても大切なことだ。特に、さまざまな外的要因によって自己肯定感を低くされ、自尊心を持ちにくい状況に置かれている若者が多くいることを知っていれば、なおのことである。

しかし、その一方で「わたしにはこの言葉は言えない」と感じた。なぜなら、これまで窮地に陥った時に都合の良い嘘をついたり、責任逃れをしたり、時には誰かを貶《おとし》めるような発言をしてきた自分を知っているからだ。他人には厳しく、自分には甘い。そんな自分をこれまで嫌というほど見せつけられたのだから、もはや胸を張って「自分を信じる!」とは言えなくなった「わたし」がいる。

もちろん、わたしも自分の存在価値は信じたい。しかし、それは自分をまるで神や全能のように過信することとは違う。「自分を信じる」という言葉に一抹の危うさを感じるのは、どこかに自己責任を押しつけられる危険を孕《はら》んでいると考えるからだ。これは大変やっかいだ。生徒たちが「自分を信じる」と自己を肯定することは素直に応援したいと思えるのに、うまくいかなかった人たちを本人の責任だと切り捨てる社会がチラチラと顔をのぞかせる。うまくいけば賞賛されるかもしれないが、失敗すれば、それは「あなたが悪かったのだ。つまり、あなたの努力が足りなかったのだ」と事情や背景も考慮されずに、自ら責任を取らされる。本当は、社会のシステムに問題があったり、そもそもチャレンジすることが非常に困難な環境に放り込まれている人もいるだろう。

自己責任を問う論調は年々強まっていると感じる一方で、セーフティネットや共助という発想はどんどん後退しているように思われる。だからわたしは、「自分を信じる」という言葉を手放しでは評価できなくなっているのかもしれない。周囲から都合の良いように切り捨てられる言葉にもなりうるからだ。しかし、そんな自己責任論がもたらす閉塞感を突破させてくれるのが、聖書の「委ねて生きる」姿であるように感じる。

宗教に属する人たちへの世間の見方は近年特に厳しい。日本ではほとんどの場合、カルトと宗教が一緒になって評価される現状も影響している。カルトの非人道的振る舞いへの非難は、そのまま宗教に対するマイナスのイメージとして蓄積されていく。そして宗教に対する負のイメージは、前述の生徒の発言にも見られるように、「宗教を信じる人は、なにかにすがらないと生きていけない弱い人」という人々の誤解からも大きな影響を受けている。そもそも、この「信じる人」や「頼る姿」とは、どのようなイメージで捉えることができるのだろうか。

委ねるとは自分も行動すること

キリスト教の文脈で言えば、神やイエスを信じることを「すがる」という言葉で表現することはほとんどない。その代わりに、「委ねる」とか「信頼する」「まかせる」といった表現はよく聞かれるし、わたしもよく使う。それらは、キリスト教会で読む聖書の記述や、礼拝で歌う讃美歌の中にも頻繁に登場する表現である。

旧約聖書は、おもにヘブライ語で書かれているが（だからヘブライ語聖書ともいう）、「委ねる」「まかせる」を指すヘブライ語は、「ガーラル」という。「石などを転がす」といったニュアンスがあるそうだ。大きな石や岩を転がしながら移動させていく、そんなイメージに近いだろう。例えば、詩編三七編五節には「あなたの道を主にまかせよ。信頼せよ」（口語訳聖書では、「まかせよ」は「ゆだねよ」と訳されている）とあるが、直訳すれば「あなたの道を主の上で転がしなさい」になる。つまり、この「委ねる・まかせる」には、ひとりでは動かせない重たい石を、神と共に動かしていく人の姿を想像することができる。だから神に委ねたり、任せたり、信頼して祈るということは、神にすべてを丸投げすることではない。むしろ、今まで自分ひとりでは動かせなかった大きなもの、向き合うことから逃げてきた重たい課題を、信頼の中で神と一緒に前へと動かしていく人の姿である。そのためには当然、自分の意思と主体的行動が必要となる。人は、自分ひとりでは動かせない課題、現実をたくさん経験するだろう。しかし、その課題が神の前に引き出された時には必ず前へと転がされると信じ直す。諦めて引っこめてしまった自分の手をもう一度その課題へと伸ばし、力を込める。そのような姿がこのガーラルだ。

このような能動的な姿は、後のエピソードでも詳しく触れる、マタイによる福音書一一章二八—三〇節でイエスが語った「軛《くびき》」にも重なる。ひとりでは引けなかった重荷。しかし、先に軛を担っているイエスが「この軛を使って一緒にあなたの重荷を引けば軽くなるから」とわたしを招き入れる。そうして今度はイエスと二人でその重荷を引いて行く。これも、神に丸投げする姿ではなくて、イエスの招きに応えて、自らの意思で重荷を引く決断と実行が必要になる。最終的には自分で選択し、行動しなければならない。けれども自分はひとりではない。共にその道を行ってくれる存在があり、わたしを支えてくれる。ここに聖書の委ねる生き方の底力が浮かび上がってくる。

思い悩む人を前へ押し出す「ことば」

もう少し、この委ねて生きる聖書の世界観を見てみよう。先ほどは、聖書の「委ねる」という言葉に隠された力強さ、石を動かしていこうとする姿について書いた。その一方で、「あなたの道を主にまかせよ。信頼せよ」と聖書がいう時、この言葉は物事を動かす力を持っていない人にも向けられている。なぜなら、自分ひとりで石を動かせる人は、「委ねる」必要がないからだ。ただ、弱い人に向けて語られた言葉であっても、自分の意思を捨てさせて、神にすがりつくように依存させるものではない。むしろ、そうした人々を奮起させるかのように、柔らかく励ます語りかけになっている。同じように、聖書には、神やイエスが少数者たちや力を持たない人々へ語りかける言葉がたびたび登場する。

例えば、申命記七章七－八節やルカによる福音書一二章三二節などである。申命記には、次のような言葉が登場する。

主が心引かれてあなたたちを選ばれたのは、あなたたちが他のどの民よりも数が多かったからではない。あなたたちは他のどの民よりも貧弱であった。ただ、あなたに対する主の愛のゆえに、あなたたちの先祖に誓われた誓いを守られたゆえに、主は力ある御手《みて》をもってあなたたちを導き出し、エジプトの王、ファラオが支配する奴隷の家から救い出されたのである。

エジプトという当時の周辺世界で覇権を掌握する国において、神は力や数では弱く少数の民族（人々）をあえて選んでその傍《かたわ》らに立っている。ここでは、その行為を「愛」という言葉で表現している。

またルカによる福音書では、「小さな群れよ、恐れるな。あなたがたの父は喜んで神の国をくださる」というイエスの発言が出てくる。これは何を着るか、食べるかという悩みの中で生きる弟子たちへの、次の語りかけの直後に語られた言葉である。

> 命のことで何を食べようか、体のことで何を着ようかと思い悩むな。命は食べ物よりも大切であり、体は衣服よりも大切だ。烏《からす》のことを考えてみなさい。種も蒔《ま》かず、刈り入れもせず、納屋も倉も持たない。だが、神は烏を養ってくださる。あなたがたは、鳥よりもどれほど価値があることか。あなたがたのうちのだれが、思い悩んだからといって、寿命をわずかでも延ばすことができようか。（中略）野原の花がどのように育つかを考えてみなさい。働きもせず紡《つむ》ぎもしない。しかし、言っておく。栄華を極めたソロモンでさえ、この花の一つほどにも着飾ってはいなかった。今日は野にあって、明日は炉に投げ込まれる草でさえ、神はこのように装ってくださる。まして、あなたがたにはなおさらのことである。（ルカによる福音書一二章二二―二八節）

わたしたちは日々、大小さまざまな悩みの中に放り込まれている。誰が見ても深刻に思える悩みもあれば、後になって振り返ると、「なぜ、こんなことで悩んでいたのか」と可笑《おか》しくなるような小さなものだってあるだろう。もちろん悩んでいるときは真剣だ。しかし、どんなに小さなことに思えても、人は悩みすぎると心を患《わずら》ったり、精神的に参ってしまう。そうした人の現実を前にして、イエスは「思い悩まなくてもよい」と語りかけてくるのだ。

「そんなこと言われても、すぐに悩みが消えるはずがないし、結局この苦悩は解消しない」と反論したくなる時もあるだろう。そのようなわたしたちの視点を、イエスは「空の鳥や野原の花を見なさい」と言って変換させようとする。悩みからまったく無縁と思えるような空の鳥たち、明日は刈り取られて焼却される野の花でさえ、「その一日、その時を、気高く生きているではないか」と語りかけるのだ。このように鳥や花の姿を根拠として、イエスは、わたしたちの命や存在をこの上なく大切なものとして見てくださる神の計らいに信頼し、今日を大切に生きていこう、と語りかける。先ほどの「委ねる」イメージを使って言い換えれば、「神と共に課題を前へと押し出しながら、今日を生きていこう」と言うわけだ。

今日一日を生きる神学

先ほどのイエスの発言は、マタイによる福音書にも書かれているのだが、そこでは少しだけ文言が異なっている。マタイでは、イエスの一連の発言は、次の言葉で力強く締めくくられている。

だから、明日のことまで思い悩むな。明日のことは明日自らが思い悩む。その日の苦労は、その日だけで十分である。（マタイによる福音書六章三四節）

このイエスの言葉から、改めてわたしたちの悩みについて気づかされることがある。それは、人はずいぶん先のことまで思い悩んでしまうこと。しかも、漠然とした不安を抱えて生きることが実に多いことだ。そして、極度の不安や恐れの中に放り込まれてしまうと、身動きが取れなくなったり、前へと歩いて行く力が損なわれ、膝《ひざ》をついて倒れることがある。

わたしたちの悩みが最も深く、そして重くなるのは、「自分ひとりでその問題を解決しなければならない」と思い込んだ時だろう。その時、悩み（抱える荷物）はずっしりと肩に食い込んでいく。そして、その重みに耐えかねて倒れてしまったら、突然、終わりや絶望がやってくることになる。なぜなら、そこには「自分しかいない」からだ。

思い悩む人の現実の中でイエスが大切にしたのは、漠然とした先の不安を見つめるのではなく、神に委ねながら今この時を生きることであった。人生には、今しか受け取ることができない、またその瞬間しか味わうことができない出来事や喜びがある。しかし、わたしたちはそれらに目を向けず、先のことばかりを心配してしまい、今差し出されている喜びを味わうことがない。

イエスのこうした発言の根底には、「神への信頼」がある。これまでがそうであったように、今わたしが抱えるこの荷物も、押しつぶされそうな苦悩も、必ず一緒になって前へと運んでくれる存在がある。だから、不安ではなく「信頼の中」で、また明日ではなく「今この時」を気高く生きようと励ましの言葉を投げかけてくるのだ。その言葉を受け取るのは、弱さや苦悩を抱える個人であったり、ルカによる福音書の「小さな群れ」（弱さや不安を抱えた人の集まり）であったりする。

神の国は懸命に生きるわたしたちのもの

もうひとつこの箇所で注目したいのは、イエスは神に委ねれば、困難や不安はすべて取り去られ、自由になれるとは語っていないことだ。むしろ、そうした苦悩や困難が日々、襲いくる現実を前提として、前述の言葉を語りかけている。イエスは、苦悩を抱える小さな群れに向かって「小さな群れよ、恐れるな」と語り、「あなたがたの父（神）は喜んで神の国をくださる」と言葉を続ける。

通常、「神の国」と聞けば、「天国」というイメージと結びついて、死後の世界や現実世界とは切り離された空間を指すと考えるだろう。しかし、聖書に登場する「神の国」とは、本来神が支配する領域のことであり、神の想いや願いが完全に全うされている空間を指す。だから、死後の世界ではなく、むしろ現実の世界にある空間として捉えることができる。例えば、神が「互いに愛する」という想いを持っており、わたしたち人間がそれを実行できているのであれば、それは神の国と呼んでもおかしくはない。

ちなみに、岩波書店から出された新約聖書の翻訳では、「[もう]恐れるな、小さい群よ。あなたたちの父は、あなたたちに王国を与えることをよしとされたのだから」とあり、すでに与える決定がなされたことを強調する訳になっている。ここでイエスは恐れなくてもよいと語るのだが、それは、神の想いが働く「神の国」が、傷つきながらも今日を生きる人々のものだと信じているからだ。そして、神はあなたたちに寄り添い働きかけてくださる、と背中を押し出す。

自分の力を信じてひとりで歩んでいこうとすることはとても大切であるが、わたしたちはもう少し自分以外の誰かを信頼してもよいだろう。もう少し誰かに頼って、自分の荷物を委ねてもよいはずだ。そして、すこし余裕ができたら、今度は誰かの荷物を背負えばよい。互いに心を開いて支え合う関係を築くことは、不安や孤独を抱える時にこそ、わたしたちを前へと押し出してくれる。

同じ時を共有する人が放つ香り

ずいぶん前のことになるが、わたしは高校三年生の頃に、早朝の新聞配達のバイトをしていたことがある。朝三時半に起きて、自転車で朝刊を配達し終わるまで、ほとんど誰にも会わない。この世界に生きているのは自分だけかと錯覚する静寂の時もあるし、凍《い》てつく寒さに心を折られそうになることもある。それは毎朝、暗い中で始まる孤独な作業であったが、決まっていつも幸せな気持ちにさせられる場所があった。パン屋さんである。配達の終盤に訪れるパン屋の前にくると、いつもパンを焼くいい匂いがしてくるのだ。パン屋さんも自分と同じように日が昇るずっと前から孤独な作業をしていたのだ。その場所に来る時だけ孤独を忘れ、なんとも言えない温かな気持ちにさせられたのを思い出す。それは、同じ時を共有してくれる存在があることを告げる香りだったのだ。きっと委ねることができる存在はこのような香りを放っているに違いない。

それでも自分という種を蒔く

見える事柄の先にあるもの

人はニヒルに陥ることがある。ニヒルとはラテン語の「無」を指す言葉からきており、おもに虚無感を表す言葉として使用される。ニヒルな人は、愛といった人の温かさや、希望のような「見える事柄の先にあるもの」を信じることができない。つまり見えている事柄だけが真実で、見えないものを信じることを拒否する傾向にある。言い換えれば、可能性や変化を信じることが苦手とも言えるだろう。どんな苦しい現実も「なるようにしかならない」と考える。だから、虚《むな》しさを常に抱えて生きることになる。

人がニヒルに陥る原因を、その人の心の持ちようであったり、性格に求めることがあるが、そう単純ではないように思う。そこには、人が希望を信じることができないようにしたり、虚無感に陥らせたりするほどの厳しい体験や出来事があるはずだ。また、苦境は人をニヒルにすることがある一方、むしろその苦境が、その人の心を本当に大切なことや真実に向かわせることもある。

聖書に登場するニヒルたち

旧約聖書にはハガイ書と呼ばれる書物がある。そこに登場する預言者ハガイは、紀元前五二〇年頃に活躍した人物で、今から二五〇〇年以上も前のことである。そしてハガイ書の出来事は、バビロン捕囚が終わってから一七－一八年後のことだと言われている。

聖書の民が構成するユダ王国（もうひとつは北イスラエル王国）は、かつて新バビロニア帝国との戦争で徹底的にやられてしまった。多くの人が戦争奴隷として遠い外国の街バビロンに連行され、そこで苦役に課せられた。しかし、当時の絶対的支配者と思われた新バビロニア帝国は、後にペルシャ帝国に敗れてしまう。新しく周辺世界の覇権を握ったペルシャは、バビロンに捕囚されていた古代イスラエル民族が故郷に帰ることを許可する。こうして捕囚生活が終わりを告げる。

バビロン捕囚から故郷に帰ることができてから一五年以上も経つわけであるから、人々は「苦しみの時は終わった。これからわたしたちの自由と栄光の時代が始まるのだ。新時代の幕開けだ」と意気揚々と希望に燃えていたかといえば、そうではなかった。研究者たちは、イスラエルの民は捕囚後少なくとも二〇年間は急激な物不足に陥っていただろうと推察する。バビロン捕囚と言っても、すべてのユダ王国の人々が連れて行かれたわけではない。その土地に残された人々も大勢いた。例えば、聖書において比較的名前がよく知られている預言者にエゼキエルやエレミヤがいるが、エゼキエルはバビロンに連行された捕囚民の間で活動したが、エレミヤはエルサレムに残された人々の中で活躍した預言者である。

捕囚されずにエルサレムに残って生活していた人々のところに、バビロンから大勢の人々が帰還して生活を始めた結果、急激な人口増加によって食糧を始め深刻な物不足に陥り、生活は困難を極めた。さらにエルサレムに帰還した人々を打ちのめしたことがある。それは、神がおられるはずの神聖なエルサレム神殿が新バビロニア帝国に破壊されたまま約七〇年も放置されていたことであった。精神的、信仰的支柱であった神殿は、まるで自分たちの心の荒廃を表すようにみすぼらしい廃墟のままである。

このようにハガイが活動した時代の人々は、尊厳ある自己も、また自分たちが慕う神も死んだような状況に生きていたことになる。だから、預言者ハガイが言葉を投げかけた人々の根底にあるのは「虚しさ」であった。ハガイ書を読むと、希望も喜びも見えない厳しい生活の中、人々は次第に「自分さえ良ければ」という生き方を始めるようになっていたことが分かる。なんだか、現代を生きるわたしたちの社会を思わせるような情景ではないか。ハガイ書には、当時の人々の心の呻《うめ》きが垣間見える記述がいくつか登場するが、一章六節はその代表的なものである。


種を多く蒔いても、取り入れは少ない。食べても、満足することなく、飲んでも、酔うことがない。衣服を重ねても、温まることなく、金をかせぐ者がかせいでも、穴のあいた袋に入れるようなものだ。

この箇所には、どんなに一生懸命種を蒔いたとしてもほとんど収穫できない、また食べたり飲んだりしてもちっとも満足できない、さらには、どんなに重ね着をしても少しも温《ぬく》もりを感じないといった人々の心情が描かれている。つまり、何をしてもまるっきり結果につながらない、というのだ。極めつけは、どんなにお金を稼ぐことができたとしても、「穴のあいた袋に入れるようなものだ」と言われていることだ。とても面白い表現である。お金を貯めようと袋に入れても、穴が空いているのでチャリーンとこぼれ落ちていく。これはおそらく当時の人々の心を表しているのだろう。心に穴が空いているのだ。どんな種類の幸福もすべて心の隙間をすり抜けてこぼれ落ちていくから実感できない。そこに虚しさがある。

こうした虚無感を抱えたニヒルたち、当時の厳しい生活の中で自分のことだけにとらわれたニヒルたちに向かって、ハガイは「自分の歩む道に心を留めよ」と繰り返し語りかけた。今まであなたはどんな歩みをしてきたのか、今あなたには何が見えるのか、あなたはこれからどんな歩みを望んでいるのかをしっかり見極めよ、と力強く語りかけたのが預言者ハガイである。

もうひとつ、ハガイの言葉で注目したいのは、「神殿を建てよ」と語りかけた点である。「神殿を建てる」とは、第一には破壊されたままだったエルサレム神殿の再建を意味している。神殿は、神が臨在していると信じられていた場所であった。しかし、先ほどのハガイが語りかけた大勢のニヒルたちの心境を考えれば、単に神殿の再建が語られたのではないと思えてくる。わたしは、ハガイが「神が自分と一緒にいてくださることが分かるような生き方をしっかりと建て直しなさい」と訴えたのだと思う。状況はそれだけ厳しかったのだ。人々の中には、苦しみや徒労感、虚しさがあっただろう。しかし、ハガイはその中にあっても、神が自分たちと共にいて、ここから何か良いものを創り出してくださる希望を生きなさいと語りかけた。本来、神殿が神聖さと堅牢《けんろう》さを兼ね備えたものであるように、神が宿る確かで尊厳ある「自分」を再建するように訴えられているのだ。

強制収容所に放り込まれた牧師

わたしは、かつてアメリカの北カリフォルニアにある日系教会で牧師をしていたことがある。わたしが勤めた教会や交流のある他の日系教会、そして周辺コミュニティには収容所体験を持つ人々がいた。日本の学校では学ぶことがないためあまり知られてはいないが、第二次世界大戦中、アメリカ本土の西海岸にいた約一二万人の日本人移民（一世と呼ばれる人々）や、アメリカで生まれた子どもや孫たち（二世や三世と呼ばれる日系アメリカ人）は強制収容所に入れられている。

一九四一年一二月八日（日本時間）に日本軍がアメリカのハワイ州パールハーバーを攻撃したことで、日本とアメリカの間で戦争が始まった。この攻撃を受けたリアクションとして、アメリカ議会はひとつの行政命令を下す。当時のルーズベルト大統領によって大統領令九〇六六号（一九四二年二月一九日）が発令され、アメリカ本土の西海岸にいた日系人たちを、本土に一〇カ所建設する強制収容所に収容しようとした。その結果、定められた期日までのわずかな期間に財産を処分することが求められ、処分できなかった場合はアメリカ政府が没収することになった。こうして、日系人たちは手に持てる荷物（実質トランク二つ）だけを持って、定められた場所に集められていく。

この命令を受けて、日系人たちは異国の地アメリカで、休まず働き続けた労働の対価として得てきた家や家財道具を手放さなくてはならなくなった。多くの人が財産を安く買い叩かれて、わずかなお金に替えて収容所に入ったのである。アメリカ本土に一〇カ所予定された強制収容所は急ピッチで建設されたが、それらが出来上がるまではアッセンブリーセンターと呼ばれた場所が仮収容場所となった。それらの中には、かつて厩舎《きゅうしゃ》であったところもあり、雨が降ると馬糞の強烈な臭いが漂った。まさに家畜のように扱われる環境だった。実際にそこに収容された日系人の中には、「自分は一度そこで精神的には死んだ」と証言する人もいる。こうして収容された人々の中に、小平尚道というアメリカで生まれた二世の牧師がいた。

日本とアメリカが戦争中なのであるから、一世が収容所に入れられるのは心情的にはまだ理解ができる。しかし、特に複雑であったのはアメリカで生まれた二世と呼ばれる人たちであった。国籍に関して日本は血統主義を取っているので、日本で生まれても親が外国籍であれば外国人として扱われる。しかし、アメリカは出生地主義を採用しているため、たとえ親が外国籍でもアメリカで生まれるとアメリカ市民権が付与される。つまり、戦争が起こるまでにアメリカで生まれた二世や三世たちは、アメリカ市民として教育を受けていた。しかし、強制的な収容措置が行われたとき、彼ら彼女らは「敵性外国人」として収容所に入れられてしまう。生まれた母国アメリカから、突然「敵性を持った外国人」とレッテルを貼られてしまったのだ。特に二世と呼ばれる人々の中には、このような扱いを受けたことでアイデンティティ・クライシス（自分が何者であるかという自己認識における危機）を体験した人たちが多くいたと言われている。

小平も母国アメリカに敵や外国人として収容されたことで、激しい失望と怒りを味わった人であった。その時の心情が強く表現されたエピソードがある。小平は収容所に入れられる時、一冊の真っさらなノートを取り出した。そして、そのノートに「神は愛であるか」と書きなぐった。収容所内で「こんな非人道的出来事をゆるす神は愛でない」と感じさせられた出来事を一つひとつ書き留めていき、ノートを一杯に埋めてやろうと決意したのだ。非人道的な扱いに対する失意と怒りの中で、彼は「神は愛ではない」と証明してみせようとした。その時、神がニヒルや悪魔に見えてきたというから、もはや牧師とは思えない発想ではあるが、それほど彼の失意と怒りは深かった。

愛されたニヒルは他人を愛す

そして四年が経ち、小平が収容所を出ることができた時、かつてのノートは一体どうなっていたのだろうか。これは小平が自身の著書に書いているのであるが、「神は愛であるか」と怒りを込めて書きつけたあのノートは、なんと真っ白なままだったのである。それは、小平が収容所の中で目の当たりにし、また体験したことが、人々の支え合いや思いやりだったからである。彼はそれを「愛」という言葉で表現している。

小平は収容所で結婚式を挙げているが、前述のように、収容所には限られた荷物しか持って入ることが許されなかった。日々の食べ物だけはアメリカ政府が支給してくれたが、もちろん収容所内はいろんな物が不足している。バラックという長屋の住居には何世帯も入って生活するが、当初、建物内には家族ごとに仕切る壁や板もなければ、タンス、机や椅子などの生活家具もなかった。こうして日用品さえこと欠く中、小平の友人たちは、彼の結婚式のために貴重な砂糖を少しずつ持ち寄ってウェディングケーキを用意してくれた。また、収容所から五〇マイル（八〇キロ）ほど離れた小さな村に住む人が、日本人たちが収容されたと聞いて何度も訪問してくれたこともあった。小平は、まさに厳しい生活だからこそ互いが愛によって支え合っていると実感したのである。だから、彼はノートに神が愛ではないと感じた出来事をひとつも書き込むことができなかった。小平は、著書『アメリカ強制収容所——第二次世界大戦中の日系人』の中で、次のように証言している。

あの貧しい、苦しい不安の生活の中で、私たちは、この世で、最も美しく生きたことが分かってきた。私たちは、アガペー的に愛し合うことができたのである。私は、あの前にも、あれから後も、あんなに美しく、そして充実した生き方をしたことがない。

神はニヒルである私をも愛していることを知った。神のみがニヒルを愛すことを学んだ。神がニヒルを愛するから、愛されたニヒルが他のニヒルを愛し始め、二人揃って神に感謝し、賛美をささげることができる。

収容所という苦境の中において小平が触れ続けたのは、イエスの生き方や愛を実践しようとする人々の姿であった。小平はこうした体験を通して、神はニヒルさえも愛すること、また愛されたニヒルは虚無感を越えて、他のニヒルを愛していくと信じた。愛を教えるはずの牧師・小平は、収容所において初めて、神の愛はニヒルを覆い包むことを体験的に学んだのだ。

預言者とわたしたちの共通世界

預言者ハガイが生きた時代は「敗戦後の復興の厳しい時」と言えるだろう。日本では毎年八月一五日を「敗戦記念日」として覚え、また唯一地上戦が行われた沖縄では、組織的戦闘が終結した六月二三日を「慰霊の日」として大切にする。ハガイが語りかけた状況は一九四五年の焼け野原で、零《ぜろ》から生活を再建しようとした人の状況と似ているかもしれない。あるいは、周辺の強国に翻弄され続けたハガイたちの姿は、基地や軍隊を押しつけられて悲鳴をあげる場所と重なるだろう。また近年の全国各地で発生する地震や豪雨、台風の被害で住む家やコミュニティを追われた人々の現実と近いのかもしれない。さらには、ミャンマー（ビルマ）や香港、ウクライナやガザといったように力を持つ者たちに押さえつけられ、命を奪われる人々の恐怖と重なる。さらには、過去のパンデミックによる鬱々《うつうつ》とした生活、そこで先鋭化した他者への攻撃性、「自分だけ良ければ」といった人の思いとの類似性を見ることもできる。また、病で愛する人を失った喪失感、終わりの見えない中で働いた医療従事者の徒労感を連想できる。

そうした虚無の中で、神はハガイを通して「わたしの霊はお前たちの中にとどまっている。恐れてはならない」（ハガイ書二章五節）と語りかけた。もはや、傍らや近くといったレベルではなく、「神はあなたの中で働いている」と宣言したのだった。それはハガイの時代のニヒルたちも、神にとっては愛すべき大切な存在であるからだ。

わたしがハガイ書で気に入っているのは、何をしても実らないと発言するほどの虚しさが漂う中で、「倉にはまだ種があるか」（二章一九節）と問いかけた箇所だ。この種は希望や信頼と言い換えることができる。わたしたちは問われているのかもしれない。「あなたにはまだ平和の種があるか。希望の種はあるか。信仰の種はあるのか」といったふうに。「何をしても意味がない」とは言わず、「この日からあなたの蒔く種は豊かに実を結んでいく。だから信じて蒔きなさい、信じて表現しなさい」と言われているのだ。

ひとつのタネから広がりゆく世界

考えてみれば、イエスのたとえ話や発言の中には「種」に関するものが多い。そのひとつは、マルコによる福音書四章二六―三二節である。

また、イエスは言われた。「神の国は次のようなものである。人が土に種を蒔いて、夜昼、寝起きしているうちに、種は芽を出して成長するが、どうしてそうなるのか、その人は知らない。土はひとりでに実を結ばせるのであり、まず茎《くき》、次に穂、そしてその穂には豊かな実ができる。実が熟すと、早速、鎌を入れる。収穫の時が来たからである。」更に、イエスは言われた。「神の国を何にたとえようか。どのようなたとえで示そうか。それは、からし種のようなものである。土に蒔くときには、地上のどんな種よりも小さいが、蒔くと、成長してどんな野菜よりも大きくなり、葉の陰に空の鳥が巣を作れるほど大きな枝を張る。

ここでは、神の国は種の成長のようだと言われている。人は収穫を信じてさまざまな種を蒔くのだが、それらがどのように成長しているか、逐一把握することはない。つまり人は、成長過程を細部まで把握しないし、できもしないだろう。人があずかり知らないうちに、種は発芽して大きく成長させられ、やがて実を結ぶ。ここでイエスは、小さな種が成長する出来事の中に神の働きを見ている。そしてその働きは、人が成す小さな行為（種蒔き）から始まっていくと信じたのだ。もしかしたら、わたしたちのできることは一粒の種を蒔くことのように小さなものに映るかもしれない。しかし、そこに神の不思議な力が働いて成長し、豊かな広がりを与えられていく。イエスの言葉には、そうした信頼が込められている。このことを考える時、わたしたちは、いつも始まりの時を生かされているのだ。わたしたちは常に、「はじまりの今」に立っている。

昨日は、信じて種を蒔けなかったかもしれない。昨日は、ニヒルになって行動を起こせなかったかもしれない。しかし、新しく今日、問われているのだ。「希望の種はまだあなたの内にあるか」、「もし、あるなら今日、信じてそれを蒔きなさい」と。

第3章　自分の火を灯す

眼差《まなざ》しのちから

ちゃんとあなたを見ているから

自己という存在を正しく認識するためには、自分についてどれだけ理解し、把握しているかが大切なことのように思える。しかし現実には、誰かに自分のことを知ってもらい、理解されるということが、自分という存在を明確にすることもあるだろう。

かつてキリスト教主義の高校で働いていた時に、ある生徒が次のような体験を共有してくれた。その生徒は、高校受験に備えていたある時期、とても荒れていたそうだ。勉強しても、なかなか思うような結果が出ない。中学校生活も自分の思い描いた通りには進んでいない。こうしたストレスを抱え込むうちに、次第に物に当たることが増えていく。自分でも感情をコントロールすることができず、ついには親にも当たり散らすようになっていく。そしてある日、それまでと同じように自分では抑えきれない感情が暴発し、親の前で物に当たり散らしていると、母親が自分の手を摑みながら、大声で次のように語りかけてきたと言う。

あなたのことをちゃんと見ているから。その頑張りをちゃんと見て知っているから。

その言葉を聞いた時、ハッと我に返り、冷静になる瞬間があったのだという。きっと、それまでの苛立ちは受験に伴うストレスからのものだっただろう。思春期特有のホルモンバランスの乱れからくる、理性では制御できない苛立ちもあったかもしれない。しかし、同時にその苛立ちは、こんなに頑張っている自分を誰も認めてはくれないという思いに起因していたのではないだろうか。自分の苦しみは誰にも理解されない、という心の底に巣食う暗い思いについて、その時に考えさせられたのを覚えている。

わたしたち大人もまた、同じような思いを抱えることがあるではないか。人知れず、頑張る時がある。誰かに褒《ほ》めてもらう目的ではなかったとしても、誰にも認められず、それどころか他の人だけが評価されていることを知った時、わたしたちの心はなんとも言えない暗いモヤに覆われ始める。怒りの感情に襲われ、「なぜ自分を認めてくれないのか」と苛立つことだってあるだろう。このような人の営みの中で、誰かにちゃんと見てもらっていること、認められていると知ることは、大きな意味を持っているに違いない。それは、本来の自分を取り戻すきっかけであったりするのではないだろうか。

タイの現地研修における「理想の自分」

ずいぶん昔のことになってしまうが、わたしが同志社大学の神学部二年生だった頃、大学教員が引率するタイのスタディーツアーに参加したことがあった。そのツアーにはいくつかの目的があった。ひとつは、仏教国タイではめずらしいキリスト教系の大学を訪れて現地の大学生たちと交流すること。加えて、タイの山岳少数民族の現状を知ることも大切な目的であった。山岳少数民族は、それぞれの言語と文化を有している。しかし、タイの公用語はタイ語であり、より良い仕事に就くためにはタイ語を習得する必要がある。そのため、山岳少数民族の子どもたちが山を降りて、麓《ふもと》で共同生活をしながらタイ語を学ぶ学校があるのだが、そこを訪問し授業を受け持つなどして交流することもあった。さらには、山岳少数民族のひとつであるラフー族のクリスチャン村に泊めてもらい、そこで共に礼拝を守り、また山の斜面に作られた畑で仕事を手伝わせてもらったりもした。これらに加えて「泰緬《たいめん》鉄道」も訪れた。第二次世界大戦中に日本軍が、ミャンマー（ビルマ）とタイを結ぶ泰緬鉄道を建設した時に、連合軍の大勢の捕虜たちが過酷な強制労働を強いられていた。こうした過去の日本のアジア侵略の歴史を学ぶ機会も設けられていた。この渡航は、わたしにとって初めての外国であった。

ツアーの事前学習で何度も言われたことがある。現地タイでは物乞いをされてもお金を渡してはならない、ということだった。それをしてしまうと、現地の人たちがずっとその生活スタイルから抜け出せなくなる、というのが理由であった。

その話を聞いたわたしは、お金は渡さないが、必要だと感じれば食べ物を買って渡すことに決めていた。少し特殊な体験かもしれないが、わたしの父親が牧師をしていたことで、生まれ育った家（教会の建物）には、よくお金や食べ物の施しを求めてやってくる人たちがいた。そうした人たちを子ども心に怖いと感じていたわたしであったが、父親はいつも教会の中に迎え入れ、お金は渡せないが食べ物なら今から用意するから食べていくように伝えていた。実際に料理を用意していたのは母親だったから、父親よりも母親のほうを褒めるべきかもしれない。子どもの頃には気づかなかったが、大学生になる頃には、その体験から偏見を越えて人に接することの大切さを学んでいたつもりだった。

突きつけられた「ほんとうの自分」

そうした両親の対応を見てきていたから、お金は渡せなくても食べ物を共有することに決めていたのだ。タイでの研修が始まると、案の定、街の路上や観光地など多くの場所でお金をねだられることになった。観光地では、わたしたち外国人がやってきたのを見つけた親が、自分の子どもたちに「行け」と合図している光景を何度も見た。いつの間にか、わたしは最初の取り決めを忘れて、そうした人々を冷たくあしらうようになっていた。

旅の中頃にタイからミャンマー（ビルマ）に入る機会があり、付近の村でわたしの性根が試される出来事が起きた。四人ずつのグループに分かれて行動していたら、小さな男の子がわたしの服を引っ張って、お金を乞うような仕草をした。わたしの他に三人もいるのに、なぜかわたしの服だけが引っ張り続けられ、言葉が通じないので同じ仕草が繰り返される。それがしばらく続き、果てしなく長く感じられた。わたしは次第に追い込まれ、恐怖を感じるようになっていった。

お金を渡す素振りを見せれば、それを見たもっと多くの子どもたちに囲まれてしまう。だから財布は出せない。ポケットに小銭が入っていたら遠くに放り投げて、その間に逃げ出してしまったかもしれない。こうして小さな子どもに追い込まれていく出来事は、頭では偉そうなことを考えていても、実際の自分はいかに狭量《きょうりょう》で卑怯であるかを思い知らされる時間でもあった。

日本に戻ってからも、ずっとこのことが気になっていた。もしあの時にお金をあげたら、彼らは味をしめてずっとそうした生活をすることも考えられる。しかし、わたしが何もあげなかったためにその日食べるものがなかったとしたら、どうだろうか。何が正解であったのか分からず、悶々《もんもん》とした日々が続いた。信頼できる友人たちに、自分だったらどのような対応をするか尋ねてみた。ある友人は「なぜそんなことで悩むのか」と不思議そうに問い返し、また別の友人はわたしが取った行動が正解であると言ってくれた。しかし、どの答えにも納得することができなかった。

恩師から学んだ「受容」

そんな日がしばらく続いたある時、大学の授業での発表について相談するため、授業担当者である恩師の研究室を訪ねた。最初は授業の話をしていたのだが、いつの間にか、わたしは恩師にタイでの体験を話し始めていた。そして気づけば、今まで溜まった苦悩を吐き出すかのように、泣きながら自分がどうすべきだったか分からないと伝えていた。恩師は、わたしが涙を流しながら話すのをただ黙って聞き続けた。そして、わたしが想いを吐き出し終えると、短く言葉をかけた。「君が涙を流すというのは、それだけ君に感性があるからだ。もし、今のわたしが同じ体験をしたとしても、きっと同じようには泣かないだろう。いや、泣けないだろう。だから、君がそのことで涙を流すほど苦しむのは、それだけ君の感性が豊かなことなのだ」。

その時、ふっと心が軽くなったのを今でも思い出す。それまでは何が正しかったのかという正解を求めていたけれども、その時に、はじめて悩みの中のあるがままの自分が認められ、悩んでもいいのだと教えられた。悩んでいる自分がそのまま受け入れられていると感じたのだ。恩師の態度と言葉から、「人を受容すること」とはどういうことかを体験的に学んだ瞬間でもあった。

このように、わたしたちは時に心も態度も散らかってしまうし、整理のつかない悩みを抱えることがある。しかし、そうした自分をまるごと受け止め、肯定してくれる存在を得るというのはやはり大きな出来事に違いない。

神から見た人間の価値

生きるということは、自らの価値を追求することでもある。誰だって自分の価値とは何か、どこが長所となりうるのか、そうしたことをたくさん見つけておきたいと願うだろう。しかし、キリスト教では自己認識だけではなく、神から見た一人ひとりの価値ということも大切にしているように思う。特に、キリスト教主義の学校ではその特徴が明らかで、「人格教育」というものを創立当初から教育の基盤とする学校がほとんどである。生徒や学生一人ひとりに尊い人格や尊厳があることを認め、それを大切にしながら成長させるというイメージだ。こうした理解の背景には、聖書の教えや思想がある。

例えば、創世記一章二七節には、「神は御自分にかたどって人を創造された。神にかたどって創造された」とある。こうした聖書の記述は、人間が神のイメージを付与されて生かされていると伝える。「神の似姿（イメージ）」というのは、古代のオリエント世界では王だけに許された称号でもある。それほど高貴なものが人に与えられている、だから人には他人が汚してはならない尊厳や人格があるという理解へとつながる。多くの研究者たちは、この創世記一章は紀元前六世紀中頃のバビロン捕囚の頃に今のような形に編集されたと主張する。この理解に立てば、当時新バビロニア帝国に敗れ、バビロンという都市に戦争奴隷として連行され生きていた人たちが、信仰をかけてこの言葉を紡いだことになる。つまり、奴隷として生きている自分たちもまた、新バビロニア帝国の王と同じ神のイメージを宣言されて生かされていると主張したのだ。古代の人権宣言と言えるかもしれない。こうした人間理解は、人から見た評価を基準にしているのではなく、あくまでも神から見た絶対評価を基盤にしている。

他にも、イザヤ書四三章四節には、「わたしの目にあなたは価《あたい》高く、貴く、わたしはあなたを愛し、あなたの身代わりとして人を与え、国々をあなたの魂の代わりとする」という言葉が登場する。これは預言者イザヤを通して語られた、古代イスラエルの人々に向けられた神の想いである。イザヤ書は三つの時代区分に分けることができるが、この箇所は第二イザヤに当たる。これもバビロン捕囚を経験している人々が解放された時期が時代背景となる。つまり、かつて故郷から離れた遠い外国（新バビロニア帝国）の都市バビロンに戦争奴隷として生きた人々に向けられた言葉だ。力も誇りも打ち砕かれてしまった人々に向かって、神の目には一人ひとりの人間が尊く、神はその存在を愛していると宣言していることになる。こうした神の評価は、身分や立場とか、権力を持っているとかを問題にしない。だから、キリスト教では、それぞれに尊い人格と尊厳が与えられていると認めることになる。

さらに、人間という儚《はかな》い存在が神の心に留められている不思議さと喜びを語る言葉が聖書にはある。例えば、詩編はそのひとつである。詩編は、新約聖書（ギリシア語聖書）でも数多く引用される旧約聖書（ヘブライ語聖書）内の書物である。想定される時代は箇所によって異なるが、総じて、周辺強国から厳しい歩みを強いられた古代イスラエルの人々が、それでも神からの救い主に望みを抱き、その到来を信じて歌った信仰の歌だと言える。そこに次のような言葉が登場する。

あなたの天を、あなたの指の業《わざ》を、わたしは仰ぎます。月も、星も、あなたが配置なさったもの。そのあなたが御心《みこころ》に留めてくださるとは、人間は何ものなのでしょう。人の子は何ものなのでしょう、あなたが顧みてくださるとは。（詩編八編四―五節）

主よ、人間とは何ものなのでしょう、あなたがこれに親しまれるとは。人の子とは何ものなのでしょう、あなたが思いやってくださるとは。人間は息にも似たもの、彼の日々は消え去る影。（詩編一四四編三―四節）

これらに共通しているのは、人間とはまさに厳しい時代の最中《さなか》にあっては吹けば飛んでしまうような存在だという認識である。息のように捉えにくく、また歴史の外へと儚く消え去っていく存在とも言える。しかし、これらの詩編は、そうした儚い存在を気にかける神に対して驚き、また言葉にできない喜びをなんとか言い表そうとする。

光に照らされて認識できる色の世界

このようなキリスト教における神から見た人の評価というものは、光と色の関係に似ているかもしれない。わたしたちが何気なく捉える色彩の世界は、考えればとても不思議なものである。物体に光が当たった時、その物体から反射した光がわたしたちの目に入ってくる。そしてわたしたちの眼球内、網膜の錐体《すいたい》という視細胞でその光を受け止める。物体から反射される光の波長はそれぞれ異なっており、その違いがその物体の色としてわたしたちに認識される。こうして色が見えるという現象が起きるわけだ。だから、光がない所には色がないと言える。なぜなら、光がなければわたしたちはそれを認識できないからだ。

人の個性も色にたとえられることがある。それぞれ人間には固有の特色がある。では、その特色を認識するためには何が必要なのだろうか。色に光が必要なように、聖書はわたしたちの存在の特色を認識するためには、神からの光（眼差し）が必要だと教えている。その光に照らされた「わたし」には、他のものでは置き換えることのできない価値がある。

色彩の世界はやっぱり面白い。ひとつの色だけでは飽きてしまうことがあるが、ふたつの異なる色を混ぜると深みが出たり、新しい色を発見することがある。また、ある色の傍らに別の異なる色を配置すると、互いの色が冴《さ》えて見えることもあるだろう。同じように、わたしたち人間も、自分以外の他者の存在が重要になることがある。誰かと共に生きることで、神が与えた自分の特色がさらに強調されたりするからだ。残念なことに、現実には相手の存在（色）によって自分の色（存在）が褪《あ》せることも起こる。とはいえ、わたしたちはこの世界でそれぞれの尊厳と独自の特色を持つ他の人々と関わることで、新しい発見や自分自身が豊かにされる体験が起こるのだ。

眼差しの中で何度でも再起する

マタイによる福音書九章九節には、イエスと後に一二弟子のひとりとなるマタイとの出会いが描かれている。

イエスはそこをたち、通りがかりに、マタイという人が収税所に座っているのを見かけて、「わたしに従いなさい」と言われた。彼は立ち上がってイエスに従った。

一二弟子のひとりとなる重要な人物との出会いなのだが、実にあっさりした記述である。そこには奇跡もなければ、劇的要素もない。徴税人マタイが座っているのをイエスが見て、「従いなさい」と声をかけた。するとマタイは「立ち上がってイエスに従った」と報告するだけである。しかし、この「座っていた」という言葉に、当時のマタイの心の在り方が映し出されているのではないだろうか。

当時の徴税人は、同じ民族であるにもかかわらず、ユダヤ社会において忌《い》み嫌われた存在であった。なぜなら彼らがローマの手先となって、同胞から税金を集めていたからだ。これはローマ帝国の計算された統治方法であり、税金を徴収する民族との間に相手の同胞を仲介させることで、敵意をローマではなく同胞に向かわせるためであった。聖書において有名な徴税人にザアカイという人物がいるが、マタイはザアカイとは異なる種類の徴税人であった。ザアカイは居住する人々から税金を集めたのに対して、マタイは町と町との境に腰をおろし、運搬される物に対して税金を徴収した。人々に歓迎されないだけでなく、裏切り者として同胞から敵意を向けられたマタイの心が「座っている」「留《とど》まっている」と表現されていると、わたしには映る。

イエスは通りがかりにこのマタイを見つけた。聖書からは、たまたまイエスの視界にマタイが入ったような印象を受ける。しかし、元々のギリシア語では、「見抜く、理解する、捉える」を意味する言葉が使われている。イエスは収税所で座るマタイを理解し、その心の内を捉えようとその眼差しを向けていたと考えることができる。その眼差しこそが、座るマタイをもう一度「立ち上がらせた」のだ。

信仰を生きるということは、神の眼差しに触れて、もう一度、いや何度でも立ち上がらされていくことを言うのだろう。この眼差しのもとに、わたしたちはいつでも起こされ、立ち上がることができるのだ。

「ほんとうの自分」に変わるとき

相手の反応を試す言葉

春は出会いのシーズンである。世界には新学年が九月に始まる国も多いが、日本では春、桜の季節である。生徒たちも緊張するだろうが、教員たちだって、どのような生徒や学生がクラスにいるのか、うまく対応できるだろうかとソワソワする。不安がないわけでもない。

かつてわたしが、東京のキリスト教主義学校（高校）に勤めていた頃のことである。緊張感を覚えながら新学年の初回授業をしていると、突然高校一年生がわたしに向かって「話し方が、じゅんいちダビッドソンに似ている」と言葉を投げかけてきた。じゅんいちダビッドソンとは関西出身の芸人で、一時期サッカー日本代表であった本田圭佑のモノマネをしていたことがある。この生徒の発言は、単にわたしが関西弁を話すからかもしれないが、こういう時、教師は少し身構える。何気ない会話のやり取りに思えるが、教師がどう反応をするのか試している場合があるからだ。このように生徒からの思わぬジャブが飛んでくる時、それがどのような意味を持つのか、教師は見極めないといけない。

ニセモノなのか、ホンモノなのか

実は、この出来事の一カ月後、今度は別の三年生からも授業中に似たことを言われてしまった。ただし、こちらのほうは、「先生、誰かに話し方が似ているんだよなあ」と言われ、少し考えた後に、「そうだ、本田圭佑のモノマネをしている芸人だ」と言われたのだ。関西弁を使うだけで、皆がその芸人になるのであれば世界は大変なことになってしまうが、二人に続けて言われたのだから話し方も似ているのかもしれない。ただし、不思議なのは、本人ではなくモノマネの人と話し方が似ている、と二人の生徒が発言した点である。モノマネをする人に似ているとは、もはや本物と関係があるのか疑問である。しかし、最初の生徒とのやりとりがあるので、今回は会話に免疫がある。

生徒からの会話のジャブに対して、「モノマネをする人に似てるということは、偽物の偽物ということや」と言葉を返すことにした。これは、わたしなりの言葉のカウンターであるが、わたしの言い方がよほど寂しそうに聞こえたのだろうか。その三年生は、わたしに次のような言葉を打ち返してきた。「先生、そんな寂しいこと言わないでくださいよぉ。みんな本物ですよ！」。「モノマネの人に似ている」と言われた後に、「みんな本物ですよ」と言われ、もはや頭の中はぐちゃぐちゃである。とにかく、この会話の打ち合いの勝者は生徒である。なぜなら、わたしは「なんのこっちゃ」と生徒に勢いよくツッコミながらも、「みんな本物ですよ」という言葉がわたしの心にしばらく残り続けたからだ。まるでボディブローのように。その理由は、当時のわたしが、「この社会は互いの存在を価値あるものとして認めているだろうか」と疑問に思っていたからだろう。

存在することは美しいこと

わたしたちは皆、それぞれ母親の胎《たい》から生まれてくる。しかし、キリスト教では、命は神から与えられたと理解することが多い。命の根源を神に求めようとするのだ。ちなみに、旧約聖書の創世記の冒頭箇所では、神の言《ことば》と共に六日間で天地、動植物や人間が造られていくが、一日ごとに共通する定型句がある。そのひとつは、「神はこれを見て、良しとされた」というもので、造ったものに対する神の存在肯定の言葉になっている。神が六日間ですべての創造を終えた時、次のような描写が登場する。

神はお造りになったすべてのものを御覧になった。見よ、それは極めて良かった。(創世記一章三一節)

神が、この世のすべての存在を「これ以上なく良いもの」として認識したことを伝える言葉である。この「良い」という言葉には、本来「美しい」という意味がある。わたしたちは、それぞれ違いを持っているが、固有の美しさが認められているのだ。これは、存在するものに対する神の絶対評価だと言える。

しかし、わたしたち人間は他人を評価し、優劣をつけながら生きている。自身の存在価値を信じることができないで、能力や外見だけに囚われてしまうこともあるだろう。誰かと比べて自分が優れていると思えば安心し、劣っていると感じれば劣等感に悩まされる。時には自分の価値を自分自身で貶《おとし》めることもあるだろう。多くの人が優越感に浸りたいと思う人間社会の中で、見た目や考えの違いを越えて個々の美しさを認め合い、「みんな本物」と言えるのであれば、なんと素晴らしいことであろうか。しかし、現実はそうとは言えない。

価値と使命を帯びてほんとうの自分になる

聖書には、面白い発想で「ほんとうの自分」について語る話がいくつかある。そのひとつは、新約聖書のフィレモンへの手紙である。キリスト教を世界に伝道したパウロが、コロサイの街にいる資産家フィレモンに書いた手紙である。紀元五四年頃に執筆された手紙だと言われている。

コロサイは現在のトルコ共和国に位置するが、フィレモンはかつてパウロを通してクリスチャンとなったようだ。フィレモンの家にはオネシモという奴隷がいた。ある時オネシモはフィレモンの家から逃げ出してしまう。この逃亡奴隷オネシモが辿り着いたのは、コロサイの街から約一六〇キロ離れた街エフェソの牢屋であった。そこにパウロがいた。当時パウロは、キリスト教伝道をしたことで牢屋に捕えられていた。囚われの身とはいえ、彼はローマ市民権を持っていたので、正当な裁判を受けることができるなどその地位はかなり保証されていた。ある程度の自由も許されていたようだ。このパウロのところに、知人フィレモンの奴隷オネシモがやってきたのである。パウロがいる場所までの長い道のりを、オネシモはどのような思いを抱えて歩いてきたのだろうか。パウロがオネシモと接見できたのも、先ほどのローマ市民権があったからだろう。こうして一方は奴隷であるオネシモと、他方囚人となっていたパウロが、牢屋において会話を交わしたのである。

当時、見つかった逃亡奴隷は、主人の元へと送還するように義務づけられていたという。加えて逃亡奴隷には厳しい処罰が待っていた。死刑を適用されることもあったようであるし、誰の目にも逃げ出したことが分かるように、額《ひたい》に逃亡者の焼印が押されることもあった。

フィレモンへの手紙には二人の会話は一切記されていないが、なんとパウロは逃亡者オネシモを主人の元へと送り返す賭けに出る。そしてオネシモを送り返すにあたりフィレモンに書き送った書簡が、この「フィレモンへの手紙」なのである。

パウロは手紙の中で、オネシモについて「監禁中にもうけたわたしの子」（一〇節）と書き記している。この記述から、オネシモは牢屋でパウロから洗礼を受け、クリスチャンになったのだろう。オネシモは身分上は確かに奴隷であるが、パウロはフィレモンに対して、「もはや奴隷としてではなく、奴隷以上の者、つまり愛する兄弟として」(一六節)迎えてほしいと言葉を綴っている。

もし、自分がオネシモの立場だったら絶望的な気持ちになりそうではないか。きっと主人であるフィレモンは、逃げた自分に激怒しているだろうし、どんな処罰が待っているか考えただけでも恐ろしい。頼みのパウロも囚われの身なので自分と一緒に行くことはできない。たったひとりで戻っていかねばならないのだ、あの長い道のりを。オネシモはかつて歩いてきた一六〇キロの道のりを、今度はどんな想いで引き返して行ったのだろうか。行きの道と帰り道において、たったひとつ異なるのは、オネシモがパウロの元で洗礼を受け、神を信じる者となっていたことだけである。

同じ道であっても、そこを行くわたしは変わる

パウロは、手紙で真剣な想いを届けているが、言葉遊びにも思える箇所がある。それは、オネシモについて「彼は、以前はあなたにとって役に立たない者でしたが、今は、あなたにもわたしにも役立つ者となっています」(一一節)と書いた箇所だ。オネシモという名前には「役に立つ」という意味がある。使用されている単語は異なるが、先ほどの言葉と照らし合わせると、パ

ウロは「逃亡するまでずっと役立たずだと感じていただろうが、今オネシモは名前の通り、役立つ者だ」と言いたかったのだろう。そして、奴隷ではなく、神に愛される家族（本来の価値を取り戻した尊い存在）として受け入れるようフィレモンに頼み込んだ。

わたしたちも、オネシモと似た経験がないだろうか。時に自分の価値を見失うわたしたち。足かせにつながれた奴隷のように、何かに縛られながら重い足取りで自分の道を進むこともあるだろう。オネシモが最初にパウロのところへと来たように、孤独を抱えて長い道のりをひとり行くこともある。しかし、オネシモは身分上奴隷であったが、確かにパウロのところで神が与えた自らの価値、そして自分の使命や働きを見出していったのだ。神から望まれ、「極めて良いもの、美しいもの」として祝福される自分を発見したのではないだろうか。だから、同じ道でも主人の元へと帰る道は、恐れの中にあっても異なったものだっただろう。こうしてオネシモは、勇気を持って困難な場所へと帰っていった。そしてその続きは、手紙には記されていない。

オネシモのその後が気になるのは、わたしだけではないはずだ。同じく新約聖書のコロサイの信徒への手紙には、同一人物かは定かではないが、パウロと共に働く人物としてオネシモという名前が登場する。また教会に伝えられた伝承には、オネシモがエフェソ教会のリーダーとなったというものもある。おそらく、奴隷であったオネシモは、フィレモンから家族として受け入れられ、自分の存在価値と尊厳を持って、その後に多くの美しい働きを成していったのだろう。

「こころ」の存在を告げ知らせるもの

現代の多くの若者だけでなく、大人をもとらえて離さない執拗な感情がある。それは劣等感だ。自己肯定感の問題は、よくその人の心持ちと見做《みな》されることが多い。しかし、自己肯定感の低さや劣等感を、本人の問題としてのみ考えることはできない。なぜなら、実際にはその人が育ってきた環境や受けてきた周囲の態度に原因があることが多いからだ。本人の責任、性格や資質によるというよりも、そこには自分には生きる価値がない、愛される資格がないと信じ込むような何かしらの原体験があると言われる。つまり、自己肯定感とは周囲の環境による影響が極めて大きい。

先ほどのオネシモのケースでも、人としての価値も尊厳も奪われる奴隷としてオネシモは生きていた。そうした周りの評価によって、自分は価値がなく役に立たない人間だと信じ込まされてきただろう。しかし、オネシモは長く遠い逃亡生活の末にパウロと出会うことができた。それは、初めて自分の価値を語ってくれる人との出会いだったに違いない。パウロは、神がオネシモをどのように見ておられるかを何度も語って聞かせただろう。こうした体験が、オネシモの中に神から見た自分という新たな自己認識、愛された尊い自己、逃げてきた辛い道に戻りゆく勇気を与えてくれたのだ。

パウロは手紙の中で、「わたしの心であるオネシモを、あなたのもとに送り帰します」(フィレモンへの手紙一二節）と書いた。パウロは、オネシモを自分の大切な「心」だとしてフィレモンに指し示す。神もまた同じような想いを込めて、わたしたち一人ひとりをこの地上に送り出しているのだろう。

かつて、患者から「こころのありか」を学んだと語る精神科医がいた。松本雅彦という医師である。彼は著書『こころのありか——分裂病の精神病理』の中で、「ひたすら平和に安逸に暮らす生活から『こころ』は生まれてこない、（中略）パトスのないところに『こころ』はない」と主張し、「こころも何らかの抵抗があって、そのつどはじめてその存在を告げ知らせてくれる」と語った。松本は、パトスというギリシア語に「受苦、苦悩、情熱」という訳語をあてているが、精神科医の経験から、苦悩こそが「こころ」を浮き上がらせると考えた。苦しみと悩みを抱えたオネシモも、パトスを通して本当の心を取り戻していったと言えるだろう。そのオネシモの姿こそが、パウロに「わたしの心」と言わせたのだ。

闇の中、光と言葉で始まる聖書

先ほど触れた創世記の冒頭は、形式としては世界の始まりを描いている。しかし、創世記が成立した時代や状況を考えると、異なった視点でこの部分を理解することができる。例えば、創世記には創造物語が二つ存在している。創世記一章一節からの創造物語の後に、別の創造物語が二章四節から始まっている。そして研究の世界では、前半の創造物語が今のような形でまとめられたのは紀元前六世紀中頃だと理解されている。それは聖書の民（古代イスラエル）の歴史の中でバビロン捕囚として知られた時代で、もっとも過酷で暗い時代であった。新バビロニア帝国との戦いに破れた古代イスラエルの人々の多くが、遠い異国の首都バビロンに奴隷として連れて行かれて苦役に服していたのだ。このような時代に生まれたのが冒頭の創造物語なのである。

創世記では世界が創られる前の状態を、「地は混沌であって、闇が深淵の面《おもて》にあり」（一章二節）という言葉で表現する。口語訳聖書では「混沌」は「形なく、むなしく」と訳されていた。ここでの「混沌」には、虚しさが蔓延している。先ほどの成立状況を鑑《かんが》みると、創造以前の混沌や闇の状態は世界が生まれる前の描写ではなく、奴隷であった人々の現実を表しており、心の内面を映し出していると考えられる。創世記を綴ろうとした人々にとっての世界（地の面《おもて》）とは、新バビロニアの王が猛威を振るう虚無的な世界であった。それは、奴隷の苦しみがいつ終わるか分からない、いわば出口のない「闇」の世界だっただろう。

闇を切り裂く光の「ことば」

そうした苦しい現実を前提として、創世記冒頭で神は「光あれ」（一章三節）と語りかけ、言《ことば》をもって次々と「存在」を創造していく。この創世記冒頭の神の第一声「光あれ」は、太陽や月の光とは別のものである。なぜなら、四日目の創造の出来事の中で、「神は二つの大きな光る物と星を造り、大きな方に昼を治めさせ、小さな方に夜を治めさせられた」（一章一六節）とあり、ここで初めて太陽や月が創造されていることが分かるからだ。

この「光あれ」という第一声にこそ、当時の人々の大切な信仰が込められている。古代イスラエルの民は、神はこのような暗闇の現実の中にも救いの光を創造し、その光を投げかけてくださると信じたのだ。権力者の圧政により小さくされて存在が認められない人たち、絶望と暗闇の中で見えなくされた者たちが神の光の下では認められていく。その一つひとつを見て、「良し」とし、存在を強く肯定していく神。古代イスラエルの民は、奴隷という絶望と苦しみの中で、それでも神はわたしたちに光と言《ことば》を投げかけて関わっておられること、たとえ身分上は奴隷であったとしても、わたし（たち）の命を美しいものとして肯定してくださると信じたのだ。まさにホンモノとして。神の「光あれ」という宣言は、苦しみと悲しみの闇で輝く希望の光なのである。だから、わたしは創世記冒頭箇所を、この世界が造られた歴史を教えているというよりも、人間やその存在が回復されることを伝える物語だと考えている。

言葉は、多くの場合、届ける相手を必要とする。神の言《ことば》も虚しい独り言ではない。少なくとも古代イスラエルの民は、最も辛い捕囚の時に、神の言《ことば》が自分たちに向けられていると信じ、受け止めた。神の語りかけは今もなお続いている。そして、その語りかけを受けた者たちは、今度は、自分が生きる現実世界と闇の中で、必要な誰かにこの言《ことば》と光を届ける役割を果たしていく。

進むほどに増す光

「わたし」というひとりの人間

わたしたちは自分というものを知っているようで、実はよく知らないのかもしれない。自分の性格、長所や短所を正確に把握しているつもりでも、ある時ふと新たな自分に気づかされることがある。自分が得意に思うことを他の人がまったく評価してくれないこともあれば、自分でも気づかないことを他人が評価し、特色として認めてくれることもあるだろう。長所に関わるようなことであれば嬉しいが、ネガティブなことであれば、できれば知られたくなかったと思ってしまう。

以前、カリフォルニア州立大学サンフランシスコ校の心理学者ジョセフ・ルフトとハリー・インガムが、「対人関係における気づきのグラフモデル」というものを発表した。このモデルは発案者二人の名前をつなげて「ジョハリの窓」と名づけられたが、それによると、ひとりの人間には四つの窓（側面）が存在する。「公開されている自己」（Open self）、「隠されている自己」（Hidden self）、「自分は気づいていないが他人には知られた自己」（Blind self）、そして「まだ誰からも知られていない自己」（Unknown self）である。

本人を含めた誰もが気づいている「自分」もあれば、本人だけが認識していることもある。さらには、自分は気づいていないけれども他者にだけ気づかれている「自分」、そしてまだ誰にも認識されていない未知の「自分」があるというのだ。わたしたちは四つの窓を開け閉めしながら、その都度、新たな「自分」と出逢いながらその人生を生きている。

いい子教の熱心な信者

かつて教え子の高校三年生が、過去の自分について教えてくれたことがある。その生徒は、既存の宗教に属したことはないが、自身で開いた「いい子教」の熱心な信者であったという。このユニークな「いい子教」における鉄則（教義）は、周囲の望む模範に限りなく近づく、というものである。この生徒も常に周囲の期待に応えようと努めていたという。そしていつの間にか、その教義に沿ってでしか考えたり、行動したりすることができなくなっていたそうだ。例えば「人に丁寧に、やさしく接しなければならない。それが、みなの幸せにつながり、また人の模範であるはずだ」「娯楽やおしゃれに時間を費やすのはやめよう。意味がないし、周囲の大人たちが求める姿でもないから」といったように、思考と振る舞いが統制されていく。

こうした思考や行動は、常に周りの大人の理想を追求し、それに応えることが最優先であって、自分の中から沸き上がる想いや衝動に耳を傾けることは完全に抜け落ちている。その生徒も、周囲が求める模範となるために楽しみや娯楽は厳しく制限しなければならないと考えていたというが、まさにこのことを物語っているだろう。

生徒の発言がとても興味深かったのは、この信仰のもとに生きていた時は幸せを感じていた、と語ったことだ。厳しい制限を自分に課した結果、友人からの羨望の眼差しや大人から与えられる称賛は心地よい。なによりも頑張っている自分、理想の姿を生きようとする自分に陶酔できたという。この陶酔感が幸福感として認識されていたようである。

しかし、ある時生徒は気づいてしまう。自分が規範から外れたことは何ひとつできなくなってしまったことに。他人との事務的な話や作業上の相談に乗ることはできるが、友人とたわいのない会話や冗談を交わすこと、悩み事などを共有し合うことができない。友人のことや自分の楽しみよりも、常にルールを優先して物事を判断する人間になったことに気がついた時、自分が周りからひどく浮いた存在に思えたという。

ルールでガチガチに縛りつけられている閉塞感がありながら、周りの期待に応える自分に酔いしれる人たち、周囲の期待や模範にだけ囚われて、ほんとうの自分を見失ってしまった人たち。こうした「いい子教」の信者は、きっと世界にたくさんいるに違いない。

いい子教とカルトの共通点

こうしたやりとりは、わたしが高校の授業で取り上げた宗教とカルトの違いや、カルトが抱え持つ問題についての感想として生まれたものである。その生徒はカルトを扱う授業を受けた時、自分が「いい子教であった体験」がカルトと共通する側面があると感じたそうだ。それは、信仰している間は教えが絶対であり、そのフィルターを通してでしか世界を見ることができない点であった。しかし、一度、外の世界に目を向けることができた時、つまりより広い世界に触れた時に、自分がいかに狭く偏った視野で生きてきたかを思い知らされ、愕然《がくぜん》としたのである。

カルトと呼ばれる集団の多くも、信者に現実の世界を悪として、あるいは堕落した世界だと教え、自分たちは世界を救う模範的な存在だという認識を植えつける。その代わり個人的な楽しみや自由、物事を勝手に解釈することは許されない。常に教えられた（与えられた）フィルターやルールでしかこの世界を見ることができず、自分で考えることは許されない世界だ。そして信者たちは熱心に自分の時間と財を使って活動をする。では、カルトに属する一般の信者たちは不自由や不満を感じているかといえば、そうとは言えない。先の生徒のように、矛盾に満ちた世界の中で、自分たちは確かな目的と意味を持って活動していると信じているからだ。だから、自らの時間や労力、お金を捧げて、そのカルト集団のために働くことになる。しかし、その一方で、カルト集団のリーダー的立場にある人たちは、こうした一生懸命働く一般の信者たちから搾取した莫大な利益を自分たちの楽しみのために貪《むさぼ》り、消費するという矛盾した現実がある。

地の塩、世の光としての価値

前述の生徒は、周りの期待に応えることに生きがいと価値を求めていたわけだが、ではイエスは、人の価値をどのように考えていたのだろうか。聖書にはイエスが人の価値や役割について語った言葉がいくつもあるが、その中で代表的なものは、マタイによる福音書五章一三－一六節である。イエスはそこで向き合う人々の価値と役割を「地の塩」「世の光」として言い表す。

あなたがたは地の塩である。だが、塩に塩気がなくなれば、その塩は何によって塩味が付けられよう。もはや、何の役にも立たず、外に投げ捨てられ、人々に踏みつけられるだけである。あなたがたは世の光である。山の上にある町は、隠れることができない。また、ともし火をともして升《ます》の下に置く者はいない。燭台《しょくだい》の上に置く。そうすれば、家の中のものすべてを照らすのである。そのように、あなたがたの光を人々の前に輝かしなさい。人々が、あなたがたの立派な行いを見て、あなたがたの天の父をあがめるようになるためである。

イエスの発言は、イエスの話を聞こうと集まった群衆に向けられている。貧しい生活を強いられながら日々を一生懸命生きている人々である。律法学者と呼ばれるような教える立場、物事の善悪を判断するような特別な者たちではない人々に向かって、イエスは、あなたがたは「地の塩」であり、「世の光」であると語りかけた。

古代社会において、塩は大変貴重なものであった。例えば英語で給与を意味するサラリー（salary）の語源は、ラテン語で塩を表すサラリウムである。これは英語の塩（salt）の語源でもある。そこから分かるように、古代のある社会では、塩は給与や報酬として通用するほど貴重なものだった。

そして、塩の効能や役割は他にいくつも考えられる。現在でもそうだが、古代から塩は食物の保存に使用されてきた。塩の浸透圧により、微生物中の水分が細胞外に引き出されることで、細菌やカビなど微生物が死滅する。これを利用して、塩を使った防腐処理が施される。このように塩は殺菌効果を持っている。他にも、塩が料理で使われる時、全体のほんの数％しか使われないのに、その味を決定する重大な役割を担う。反面、料理や飲料の塩分が高過ぎれば食べることも飲むこともできない。

「存在する」と「しない」には決定的な違い

こうした塩の役割を考慮すれば、イエスの発言は、あなたがたには社会の不正や腐敗を防ぐ役割があり、一人ひとりはこの世界を彩る決定的な価値を持っているのだと語りかけたことになる。さらに大切なことは、その価値とは、数が多いとか権力を持っているということとはまったく無関係なことだ。なぜなら塩は、たとえ量が少なくても貴重な価値を背負っているというメッセージだからだ。スパイスとしての塩は、全体に対してほんのわずかしか必要としないが、これは「世の光」という言葉にも共通している。わたしたちは、裸眼で太陽の光を直視することはできない。光が強すぎるのだ。そんなことをすれば、わたしたちの目はたちまち悪くなってしまう。光は弱く、淡いものであってもいい。停電した真っ暗な部屋の中で、誰かがロウソク一本の光を灯せば周りの人を安心させるだろうし、現代風に言えば、スマートフォンのライトをつければ、はっきり見えるほどではなくとも、暗闇からは一変する。塩も光もわずかでよいのだ。しかし、そこにあるのと、ないのとでは決定的な違いが生まれる。そのような価値をイエスは人々に語ったことになる。

もうひとつ、イエスの語りかけの特徴は、「あなたがたがこうしたら地の塩になれる」「これだけのことができたら世の光になれる」という条件付きではないことだ。条件付きで語られる時、失敗すればそれはあなたの努力が足りなかったからだと言われやすい。しかし、原文のギリシア語の完了形が意図するように、イエスは、「あなたがたはすでに地の塩であり、世の光なのだ」と存在の価値と役割を宣言したことになる。社会の中で、取るに足らないとされてしまった人々。その中でも一日を懸命に生きる人々の「ほんとうの価値」をイエスは宣言したのだ。

投げ捨てられる塩であったとしても

これまで語ってきた塩の価値や役割、特に良い側面については教会やキリスト教主義の学校においても語られることである。しかし、パレスティナのある地域では、塩の別の評価も想定される。塩は高価で、有益な効能がある一方、農業ではやっかいな存在である。特にイエスの活動したパレスティナ地方、中でも死海付近ではやっかいものとして見られることが多かったのではないだろうか。

パレスティナ地方にある「死海」は、人の体が簡単に浮くほど塩分濃度が高いことで知られている。パレスティナ北部にある命溢れるガリラヤ湖からヨルダン川を通して大量の水が供給されるが、死海には出口がない。高温と乾燥によって大量の水分が蒸発することでミネラルが凝縮され、塩分濃度が高くなる。海の塩分濃度は約三・五パーセントであるのに対し、死海の濃度は三〇パーセントを超えるという。そのため湖水の比重と浮力が高くなり、人が簡単に浮く不思議な湖だ。一部の細菌などを除いて魚や植物は生きていけない死の海（湖）となっている。

こうした地域において懸念されるのは塩害である。例えば、人が畑を耕すために土に鍬《くわ》を入れた時、ガチンと岩塩にぶつかってしまえば、その土地は農地としては適さないと判断されるだろう。その岩塩は苦々しく放り捨てられ、その土地も使えないと背を向けられる。つまり、塩は嫌われることもあったはずだ。もしかしたら、イエスの発言には、あなたがたは人からつまらない、役に立たない、また害を及ぼす存在のように見られるかもしれないが、あなたがたにこそ大きな価値と役割があるのだという想いが込められていたのかもしれない。捨てられても自分の価値と役割を信じ抜きなさい、という励ましだ。

ロウソクのような明かり

では、イエスが語った「世の光」とは、いったいどのようなものとして受け止めるのがふさわしいだろうか。イエスは、先ほどの聖書箇所で、「ともし火をともして升の下に置く者はいない。燭台の上に置く。そうすれば、家の中のものすべてを照らすのである。そのように、あなたがたの光を人々の前に輝かしなさい」と語っている。「燭台の上に置かれたともし火」に注目してみよう。ここでの火は、おそらく油の入った器に灯された火種のことだろう。油を少しずつ消費しながら火が灯されていく。もう少し現代風に捉えれば、ロウソクの火に近い。ロウソクもまた自らロウを溶かし、消費しながら火の明かりを周りに供給していくからだ。ここでいう燭台の上に灯される火は、油にしろ、ロウにしろ、自らを削りながら明かりを届けていく存在だ。そのようにして周りの人々に光を届けなさい、と言われているのだ。

わたしが最初に勤めたキリスト教の教会で、ある時、年配の信徒が一枚の紙を見せてくれたことがある。そこには、その人よりもずっと昔の教会のメンバーが書き残したとされる言葉が書かれていた。次の言葉である。

吾人《ごじん》はロウソクの如《ごと》く己《おのれ》を溶かし、世を明るくするなり

「吾人」とは、「わたし」や「わたしたち」を意味する言葉である。この言葉は、ロウソクが自らの身を溶かしつつ周囲の世界に光を届けるように、わたし（わたしたち）も自分の時間や労力、奉仕を通して、この世界を明るくする光を届けたいという想いを伝えている。この言葉はある種の自己犠牲を含んでいるが、悲壮感は感じられない。むしろ、自らの存在価値を信じて、自分の働きが必ず誰かの益となると信じる人の毅然《きぜん》とした姿が浮かび上がってくる。イエスが語った「世の光」とは、まさにこういった人の姿を言うのだ。考えてみれば塩も、料理やスープに完全に溶け込むことを通して、その味を決定づけている。塩としての形状を失うという意味では、これも自己犠牲の姿とも言えるが、だからこそなくてはならないスパイスの役割を果たしている。

カルトの大きな特徴は、現実社会を悪と見なして、徹底的に距離を取って自らの信仰を実践することにある。もちろん、既存の宗教の中にも、そうした傾向が見られることもある。古代から現代に至るまで、俗世間を悪として距離を保ってきた集団は数しれない。そして、隔離された集団生活をすることで、自分たちを完全に外の世界（社会）と切り離していくことになる。

しかし、イエスが語ろうとした信仰の姿とは、料理に溶け込んでいく塩のような姿であった。

現実世界に積極的に入り込んでいくが、そこで生きることを通じて塩独自の役割を果たすのだ。世界の腐敗を防いだり、あるいは愛あふれるスパイスを社会に対して効かせ、変革していく。まさにイエスは、当時の厳しい現実世界に生きる人に向かって、また一部の裕福な人たちとの格差が広がる中で懸命に生きる人々に向かって語りかけた。これらの人々にこそ神の力があることを繰り返し伝え、自らの価値を信じてそれぞれのやり方でこの世界に光や塩味《えんみ》を届けていくことを信じ、励ましたと言えるだろう。

道を進むほどに光を増す

旧約聖書には箴言《しんげん》という書物がある。箴言の冒頭は、「イスラエルの王、ダビデの子、ソロモンの箴言」で始まるが、研究の世界では著者はソロモンではないことが定説となっている。ソロモン王は知恵者として知られていたので、箴言に書かれたことが確かな知恵に基づいていると示すためにその名が用いられたと考えられている。つまり、実際にはソロモンよりも後の時代に描かれたことになる。

重要なことは、箴言が信仰を持った人々が長い年月をかけて人間や自然の営みを観察し、そこで得た知恵を紡いできた書物だということである。箴言四章一八節は、「神に従う人の道は輝き出る光、進むほどに光は増し、真昼の輝きとなる」と語る。わたしたち一人ひとりは、小さなロウソクの火種に過ぎず、わずかな影響力しかないかもしれない。しかし、自分に与えられた道を歩み続ければ、その光がはっきりと、より鮮明になっていくのだ。その光は、もはや周囲の人の求める期待や模範に擦《す》り寄らなくても、その人独自の特色として浮かび上がってくるのである。

第4章　他者への目覚め

共に旅をいく

長い旅路《たびじ》をいく時の知恵

人生では、それぞれ自分の道を行く。心躍るような体験をしたり、晴れやかな絶景を見ることもあるし、果てしないと感じる道に足を踏み入れねばならない時があって、心細い夜を越えていくこともあるだろう。そうした道のりを行く上で、何がわたしたちに力を与えてくれるのだろうか。

世界には、人生や生き方について教える言葉がたくさんあるが、アフリカには次のような格言があるそうだ。

If you want to go fast, go alone. If you want to go far, go together.
早く行きたいなら一人で、遠くへ行きたいなら誰かと一緒に。

この言葉は、二〇一四年に公開されたアメリカの映画『The Good Lie』（邦題は『グッド・ライ〜

いちばん優しい嘘』）のエンディングで紹介される言葉でもある。映画は、スーダンの内戦で親を失った戦争孤児たちが、難民キャンプに辿り着くところから始まる。そして約一三年が過ぎ、青年となった彼らは第三国定住という制度を使って外国へ移り住む。こうして、かつての戦争孤児たちはホスト国アメリカに移住し、生活支援を受けながら新たな生活をスタートさせていく。もちろん、異国の地なので文化・習慣の違いや移民・難民に対する無理解や敵意などさまざまな困難が訪れる。そうした厳しい現実や失敗を経験しながら、その度に乗り越え、職を得て定住していく物語になっている。

先ほどの言葉はエンディングで紹介された言葉であるが、映画の冒頭には次のような言葉が語られている。

When we were little, we did not know many things. We did not know world was big. A lot was different from us.

幼い頃は知らなかった。世界がこんなにも大きく、こんなにも自分たちと違うなんて。

人にとって目の前の状況は、極めて大きなインパクトがあり、また最大の関心ごとである。それだけに、自分が見ている世界がこの世のすべてであると勘違いすることがある。実際には、自分と異なる境遇を生きる人たち、違う文化や社会状況の中にいる人たちが世界には多く存在する。

その違いは時として新鮮なものに映ることもあるが、苛酷な場合も多い。なぜなら、自分の趣味に没頭することが許される環境もあれば、戦闘地域で今日一日を生き抜かねばならない人、基本的人権さえも担保されない地域も存在するからだ。また、フードロスが社会問題になる国もあれば、今日食べるものに事欠き、コップ一杯の安全な水さえ手に入らない地域も存在する。

この映画は、難民や移民など異なる文化を持つ人たちとどのように共生できるかを考えさせてくれる作品でもある。日本では、二〇二一年三月六日にスリランカ人ウィシュマ・サンダマリさんが、愛知県名古屋市の出入国在留管理局（通常「入管」と略される）で亡くなった出来事によって移民や難民への理不尽な対応が大きな注目を集めた。すでに七カ月間収容されていたウィシュマさんが極度の体調悪化を訴えた時に、適切な治療を受けられずに亡くなったからだ。一連の入管の対応が、人権を無視していると多くの非難を呼んだ。

共にいることを何度も伝える神

先の映画は個人の物語を描き出しながら、エンディングにおいて、早く行きたいならひとりが良いだろうが、あなたがより遠くへ行きたいのであれば「誰かと共に行く」ことを勧めている。どういう意味だろうか。

「共に在る」「共に行く」という約束が何度も語られる書物がある。それが聖書である。その約束の語り手は、旧約聖書では神であったり、新約聖書ではイエスであったりする。

例えば、旧約聖書に登場するアブラハムの息子イサクは、飢饉のために移住をする際に神から特定の場所を指定され、「あなたがこの土地に寄留するならば、わたしはあなたと共にいてあなたを祝福」（創世記二六章三節）すると語りかけられる。またモーセは、若き日に始まったエジプトの王ファラオからの逃亡生活の末に神と出会い、奴隷である同胞たちをエジプトから解放する自身の使命を告げられる。「使命」の言葉通り、命をかける困難なミッションを遂行するにあたって、神はモーセに「わたしは必ずあなたと共にいる。このことこそ、わたしがあなたを遣《つか》わすしるしである」（出エジプト記三章一二節）と約束している。

さらには、死を目前にしたモーセが、最後に民に伝えた言葉は「あなたの神、主は、あなたと共に歩まれる。あなたを見放すことも、見捨てられることもない」（申命記三一章六節）であった。その直後にモーセが後継者ヨシュアに向けて語った言葉も、「主御自身があなたに先立って行き、主御自身があなたと共におられる。主はあなたを見放すことも、見捨てられることもない。恐れてはならない。おののいてはならない」（同三一章八節）となっている。これらの言葉を確約するように、今度は神が直接ヨシュアに向かって「わたしはいつもあなたと共にいる」（同三一章二三節）と約束する。このように聖書に登場するリーダーが交代する際の重要な引き継ぎ事項に、「神が共におられる」という約束がある。

聖書の預言者たちも、それぞれの状況においてこの約束を神から受け取っている。イザヤ書は箇所によって、紀元前八世紀の強国アッシリアの脅威や、紀元前六世紀のバビロン捕囚など、想定されている時代が異なっている。しかし、激変する時代状況とそれに伴う社会不安や恐れの中で、預言者イザヤは「水の中を通るときも、わたしはあなたと共にいる。大河の中を通っても、あなたは押し流されない。火の中を歩いても、焼かれず、炎はあなたに燃えつかない」（イザヤ書四三章二節）という民に向けた神の言葉を預かった。

またエレミヤは、バビロン捕囚という政治状況の中で活動した預言者である。彼はエルサレムからバビロンに連れて行かれた同胞の間ではなく、エルサレムに残された人々の間で活動した。エレミヤもまた、民族の危機であるバビロン捕囚を前提とした「わたしがあなたと共にいて、必ず救い出す」（エレミヤ書一章八節）という神の約束を受け取った。

こうした場面に共通しているのは、不確かで厳しい道のりが目の前に続いていることであり、それに伴う不安や恐れが人を覆い潰《つぶ》そうとする状況である。そして、その不安に満ちた道のりは、出口が見えず、長く続く辛いものとして想定されている。しかし、こうした個人や集団の危機、激変する社会状況の中で、神はいつも共にいることを宣言し、励まそうとする。このような「共に在る」ことや「共に行く」ことに、どのような意味があるのだろうか。

人と神の関係を表すたとえ

聖書には、人と神の関係を表すたとえがいくつかある。親子関係で表現されたり、陶器職人とその手で造られる土の器の関係で説明されたりするが、最も代表的なものは、羊飼いと羊のたとえである。そこでは羊飼いを神に、それに従う羊を人間として想定する。このたとえの中に、先ほどの「共にいる」イメージが隠れているように思う。

羊は視力があまり良くない動物だと言われる。つまり、それほど遠くは見通せない。さらに、目の前のものに付いていく習性があり、この習性を活かして羊飼いや牧羊犬は、たくさんの羊たちをひとつの群れとして管理することが可能となる。通常、聖書の羊を題材とした絵本は、青々とした牧草地と共に羊を描くことが多いが、聖書の舞台であるパレスティナ地方は、実際は乾燥地帯になっている。そこには乾き切った大地が広がる場所も多いということも、このたとえのイメージを読み解く上では大切なことだろう。

このようにイエスが生きた地域の環境と羊の特性を押さえるだけでも、わたしたち人間と重なり合う部分が見えてくるはずだ。例えば人間は、視力とはやや異なるが、先を見通す力が弱い。未来を想定したり、希望を抱いたりすることは多いが、この先に何が起こるのか実際にそれらを見て取る力はほとんどない。だから人生は「一寸先は闇」と表現され、わたしたちは手探りしながら未来へと進んでいく。目前にあるものに付いていく羊のように、人間も周囲に流され、大多数の意見や行動に従う傾向が強い。自ら考え、固い意志を持って自分の道を切り開くというよりは、なんとなく周りに流されることが多く、またそのほうが楽で安心だと感じるだろう。そして、わたしたちが人生において直面する光景は、牧歌的情景というよりは、パレスティナの風土のように殺伐とした厳しい環境も多々あるはずだ。時にそれらは前に進む気持ちを削がれるほど厳しい環境や出来事に映る。

聖書の有名な羊飼いと羊のたとえは詩編二三編にあるが、そこでは「主（神）は羊飼い、わたしには何も欠けることがない」という宣言で始まり、羊飼いに導かれる羊（人）は「死の陰の谷を行くときも、わたしは災いを恐れない」と主張する。「死の陰の谷」とは、命を担保する飲み水や食べ物である草が見つけられない厳しい環境、死を連想させる苦境のことを言う。このような厳しい環境を強いられることが、わたしたちの人生にもあることだろう。

こうした状況を行く羊の群れにおいて、重要なのは誰が先頭に立っているか、である。なぜなら、前のものに付いていく習性がある以上、先頭を行く者が道を誤ると、後に続く多くの羊たちも同じ道（過ち）を辿ることになるからだ。だから、聖書は「わたしたちの羊飼いは神なのだ」と主張するのである。もし目先の世界しか見えない羊が、牧草も水も見当たらない荒廃した土地に放り出されてしまえば、その光景は地獄や絶望として映るだろう。とても生きていける環境には思えないからだ。単に前に付いていくことで道を覚えることのない羊たちは、そこで右往左往するしかない。

しかし、羊飼いたちは羊たちとは異なって、経験を携え、目的地を見据えながら先頭に立っている。例えば、目の前の光景が見渡す限り絶望的なものであっても、あの二つの丘を越えたところに水飲み場があり、また谷を三つ行けば草場があると知っている。だからこそ、多くの羊をその厳しい状況の先へと率いて移動していく。つまり羊飼いは、羊が捉えることができる目前の景色や認識できる範囲を越えた場所へと連れて行くのだ。だから、聖書の羊飼いと羊のモチーフは、たとえ目の前の光景が悲惨であっても、またそこを行く道がどんなに険しかったとしても、必ずあなたを目的地まで連れていくという神の決意を含んだ表現だと言える。

命のチューブで結ばれた羊

このように聖書では、神が先頭に立ってわたしたちを導いているイメージが強いが、わたしが「共に行く神」を思い描く時は、必ずしもこのようなイメージだけではない。

わたしは、キリスト教の教会で生まれ育った。父親が牧師をしていたからであるが、その教会を会場にユニークな活動が展開されていた。「パンダ園」という、おもに重度の病気を抱えた子どもたちが集まる無認可保育園であった。週に二度、さまざまな病気を抱えた子どもたちと、その保護者たちが集まってくる。元々は、「心臓病の子どもを守る京都父母の会」が市の施設を使って「パンダ園」を開催していたのだが、一九七〇年代後半に、広い庭と建物を併設する教会で行うように働きかけたのがわたしの母であった。これには五歳で亡くなったわたしの兄が深く関係している。今でこそ多くの幼稚園が工夫と対策を施して、重度の病気を抱える子どもを受け入れることが増えたが、一九七〇年代には、こうしたことは皆無であった。当時は個別の事情に応えるという発想は弱かったし、手間と人手を要する対応には難色も示されただろう。また、事故が起こったら責任が持てないという理由も大きかった。だから、重度の病気を抱えた多くの子どもとその親は、社会から切り離される形で、家に隠れるようにして過ごすことも多かった。

わたしは四人兄弟の末っ子であるが、二番目の兄はわたしが生まれる半年前に心臓病で亡くなった。彼は心臓病を抱えて生まれ、検査や手術のために長期入院を何度も経験した。そして五歳の時に行われた三回目の手術が失敗し、昔は植物状態という言葉を使ったが、今でいう脳死状態に陥った。そうして、その状態が半年続いた後に息を引き取ったのである。兄は入院生活が長く続いたこともあり、いつも「家に帰りたい」と泣いていたそうだ。しかし、ある日、病気を持って生まれた自分の使命や役割に目覚めることになる。彼は自分と同じように病気を抱えた病院の子どもたちを励ますことが、神から自分に与えられた「お手伝い」だと自覚するようになる。結果として兄は五歳で亡くなったが、わたしの母が亡くなった兄が信じた使命（神さまのお手伝い）の継承として教会に誘致したのが「パンダ園」だった。教会を会場に保育をすれば、その台所でボランティアを中心に給食を作ることができるという大きなメリットもあった。そこに保護者が加わることで、同じ課題を持った保護者たちの交流の場にもなる。

わたしが社会人一年目の夏休みに、東京から実家である京都の教会に帰省した時のことである。ちょうどその日の夕べに教会の庭でパンダ園の懇親会（バーベキュー）が行われるというので、準備と火の管理を頼まれることになった。いざバーベキューが始まり、参加者たちが談笑する中、肉や野菜を焼いていると、小さな子と、後ろから付いていく中学生の姿が目に入った。二人の間には、両者をつなぐようにして一本のチューブが見える。一方の端《はし》は前をいく子どもの鼻に、もう一方の端は後ろの中学生が背負うリュックの中に納まっている。リュックには酸素を作り出す器具が入っており、チューブを通して小さな男の子の鼻に酸素が供給されている。

前を行く幼い子どもには心臓の疾患があり、常に酸素供給が欠かせない。しかし、その重たい器具をその子自身が背負うことはできないので、誰かがそれを背負う必要がある。通常、その役割は保護者が引き受ける。前を行く子は、後ろでリュックを背負って付いてくる中学生をまったく気にもせず、庭の中で自分の行きたいところへと歩いていく。そして、後ろの子はただ黙って離れずに付いていくだけである。この二人は兄弟ではない。後ろを行く中学生には腎臓に疾患を持った妹がおり、普段からさまざまな制限を課せられる病気の子どもの辛さを知っている。だから、このバーベキューの間、重度の病気を抱える子が思う存分に遊び、また行きたい場所へと移動できるようにと、重たいリュックを背負う役割を買って出たのだ。もし、わたしが中学生だったら、重い荷物を持って小さな子どもの後ろを付いて行くより「同級生と遊びたい」と思っただろうなと考えたので、特に印象に残る光景であった。

前で導くだけでなく、後ろからも寄り添う神

わたしはこの出来事を経て、「神が共にいる」というのは、あの二人の姿でもあると考えさせられた。前述の羊飼いと羊の関係とは異なって、前を行く小さな子がわたしたち人間で、後ろから付いていくのが神である。ちなみにイザヤ書五二章一二節には、「あなたたちの先を進むのは主であり、しんがりを守るのもイスラエルの神だから」という言葉があるので、こうした見方は間違ってはいないだろう。

わたしたちは普段自分の意思を持って決断し、人生という旅を前へと推し進めていく。少なくともそう思い込んでいるに違いない。そして人生には、背負えないような重荷や課題に出会うことがたくさんあって、時に誰かがわたしの荷物を背負って支えてくれることがある。ところが、そのことを常に自覚して感謝しているかと問われれば、そうではない。後ろで重たいリュックを背負ってくれる存在なんかお構いなしに、自分ひとりの力のように我が物顔で進むこともあるだろう。でも、ふと後ろを振り返ると、あるいは過去の出来事を顧みると、そこに自分を支えてくれた存在、助けが必要な時に応えてくれた人がいたことに気づくことがあるはずだ。

神が「あなたと共にいる」という時、たとえわたしたちが気づかなくとも、常に一緒にいてその時を共有している。それは、わたしたちの辛さや厳しさを知っているからだ。そして離れずにいるからこそ、命のチューブ（つながり）を通して、必要な友人や出来事、気づきが与えられて

いく。そのおかげで、わたしたちはまた前へと歩んでいける。

わたしたちの人生や存在は無条件で尊い。しかし、尊いからといって苦しみや困難と無縁ではない。誰もが時に長く、辛い道のりを行かねばならないことがある。その長く遠い道のりを越えて行くために、ある時は前で先導し、時には後ろから寄り添うように、「共にいてくれる存在」がわたしたちには必要なのだ。

悲しむ人と共に泣く

関係性の中で生きるわたしたち

「じぶん」に囚われて生きることがある。そしていつの間にか、周りが見えなくなってしまう。頭の中が自分事で一杯になってしまい、わたしを生かすつながりや他者の存在が感じられなくなってしまうからだ。

アメリカで黒人（ブラック）のための公民権運動を指揮した人に、マルティン・ルーサー・キングJr.がいる。牧師でもあった彼は、次の言葉を残している。

すべての人間は、相互に依存し合って生活している。どの国も、思想や労働という豊かな宝物を受け継いでいる。その宝物は、それぞれの国のすでに故人となった人々や、いまなお生きている人々から与えられたものである。気づく気づかないに関係なく、私たちはみんな、永久に人々から「負債を負って」生きている。

（コレッタ・スコット・キング編『キング牧師の言葉』）

この言葉は、ひとりの人間が実に多くの宝物を他者から受け取りながら生きていると教える。朝起きた時に飲むコーヒーに、お茶やココア。それらは南米やアジア、アフリカの労働者たちの手を介してわたしたちに届けられた宝物かもしれない。衣服もそうだ。それらは海外の人々の手で摘《つ》まれた真綿から作られたかもしれない。宝の差出人は、もしかしたら今を生きる人だけではなく、故人である可能性もある。なぜなら、自分を養う思想や言葉という宝を、すでにこの世を去った人から、書籍や映像を通して受け取ったかもしれないからだ。このキング牧師の言葉は、自分だけの力で生きていると思い込むわたしたちを、「じぶん」という殻から飛び出すように促す。そして、時間や空間を超えて、この世界で共に生きている他者との共同性について目覚めを与え、自分も世界という大きな共同体の一員だと教えようとする。

現代社会は、都市部への人口流入に伴って個人主義や孤立化が加速していると言われる。これまで地方における家族や地域のつながりは、伝統的慣習や宗教行事を通して強く維持されてきた。一方、都市部においては、今や日常的な親族あるいは地域の交流をほとんど経験することなく生活できてしまう。もちろん、これは悪いことばかりではない。例えば結びつきが強い地域における葬儀などの集まりでは、女性だけが食事の準備や世話を強いられることが多かったが、そうした古いジェンダーロール（性的役割）からの解放など、良い側面もあるからだ。

しかしながら今日、人と人とのつながりは、確実に対面からＳＮＳ上に比重が移っているし、また新型コロナウイルスのパンデミックは、他者との向き合い方を劇的に変化させた。パンデミックの影響で、ビジネスの世界ではもちろんのこと、教育現場においても、コミュニケーションはｚｏｏｍなどを多用するオンライン化が進んだ。また、他人との距離感をいっそう意識するようになったし、他人が咳き込んだ時のある種の拒絶反応などは、パンデミックが落ち着いた後も、対人関係や人の集まりに少なからず影響を残しているように思う。こうした社会にあって、コミュニティ（共同体）にはどんな意味があるのだろうか。

コミュニティは同じ荷物を背負うこと

そもそもコミュニティとはどのような意味を持つのだろうか。コミュニティは、通常、共通した事柄によって結びついた人々の集団を指す。例えば、同じ地域や課題、共通の目的、同様の趣味や興味などで結びついた人の群れを意味する。英語のコミュニティ（community）は、ラテン語にその語源を求めることができるが、大きく三つの言葉に切り分けることができる。com は「共に、完全な」という意味があり、mun は「奉仕、責務」を表し、ity は「その状態や性質」を指す言葉になる。つまり、コミュニティとは、共通の奉仕や責務を担ったり、それらを望んでいなくても付与された人の集まりと言えるだろう。

このように切り分けて意味を考えてみると、改めて気づかされることがある。それは、通常わたしたちは、自分の意思で特定の共同体を選んだり、あるいはそのコミュニティにおけるつながりを形成すると考えるだろうが、実際には、望んでいないのにある特定の荷物を担うようにされることがある、ということだ。趣味や興味に従って特定のグループに所属すれば、それは自発的に選んだ結果だと考えられるだろう。しかし、悲しみや苦しみなどはどうだろうか。望んでもいないのに自然災害に被災した地域に住む人々があり、また特定の民族的背景を持つために強い敵意や偏見を向けられる人々がある。もちろん、愛する人の死や病などのように、個人的なことではあるけれども、似たような痛みや苦境を共有するグループもあるだろう。

傷の中から生まれる声

わたしがかつてキリスト教主義の高校で聖書を教えていた頃、ある三年生が書いたレポートを読んで考えさせられたことがある。そのレポートには、「同じ課題を背負った人たちの団結、支え合いが今のわたしを生かす」という主張が込められていた。レポートは、特定のコミュニティ、特にマイノリティ（少数者）について語るものであったが、これほど力強く共同体の存在意義を訴える文章にはそう出会えない。

当時の高校三年生の聖書科授業では、ただ聖書を学ぶのではなく、現代社会の諸問題をいくつか取り上げながら、聖書の思想と併せてそれらを一緒に考え直すことを目指していた。取り上げたテーマのひとつは、「人種差別」であった。授業では、第二次世界大戦中にアメリカで起こった日系人強制収容所などの事例を紹介し、最後はわたしたちの身の回りにある差別について考えた。

前述のレポートは、授業内容に触れながら自身の考えや体験を記す課題レポートであった。その生徒は、さまざまな授業で人種差別が扱われるたびにいつもより熱心に聞き、時には気持ちがふさぐような悲しみや憤りに襲われたと書き始めていた。そして、その理由を、自分がそうした差別を身近に経験してきたからだと言うのである。

レポートを通して、わたしは、その生徒が在日コリアンである両親の元に生まれたこと、そして小学校、中学校は朝鮮学校に通っていたことを知った。そこには中学の同級生が通学の電車内で、女子生徒の民族制服（チョゴリ）を男性にナイフで切られたことや、自身も下校の際に幾度となく「日本から出て行け」と罵声を浴びせられた体験などが綴られていた。こうした出来事を経験するたびに、この生徒は何か悪いことをしたのかと思い悩み、なんとも言えない恐怖に襲われたという。わたしは、この文章を読む前から、公然とヘイトスピーチが行われるようになった現在の日本の社会に対して危機感を持っていた。だから授業でも差別問題を扱ったのであるが、「ヘイトを直接向けられる人々の不安や恐怖を、本当には理解していなかった」と深く反省させられた瞬間でもあった。

この生徒は、「もし自分が朝鮮学校に通っていなかったら、こんな辛い思いを経験しなくてすんだ」と考えることも多かったようだが、そんな自分を励まして変えてくれたのは、同じ学校の友人や先生、家族だったと書いていた。生徒数が少ない朝鮮学校。さまざまな地域から通ってくるため、中学校でも通学に一時間以上かけて登校する者も多い。学校の予算も乏しく、給食も出ない。年々生徒数が減少し、存続さえ危ぶまれる現実を抱えながらも、この生徒を変えたのは、望んでもいないのに自分と同様の苦しみを強いられた人々であった。この生徒は、同じ痛みを抱える仲間の励ましによって困難を乗り越えるたびに、より母校を愛するようになり、またつながりを通して自分の学校を誇りに思えるようになったのである。

日本では、不条理にも人の敵意に晒《さら》されてしまう人たち。差別や偏見を強いられたマイノリティであることを自覚し、そこにある苦しみを抱えながらも、同じ課題を背負った人たちとの連帯や支え合いが自らを成長させ、生かすと主張する言葉。こちらが教えられる文章であった。レポートを読み終えた時、世界がびっくりするくらい残酷で暴力的であることに気づいているのに、この生徒はなんと力強く人のつながりを信じるのだろうか、と考えさせられた。同時に、聖書科教員でありながら、わたしは改めて聖書の「福音」の意味について教えられた気がしたのだ。

聖書が語る福音（良い知らせ）

キリスト教の教会や学校では、「福音」という言葉がよく飛び交う。キリスト教が新約聖書と呼ぶ書物群は、本来古代ギリシア語で書かれている（新・旧という語句を避け、元々の記述言語に即して、新約聖書をギリシア語聖書、旧約聖書をヘブライ語聖書と呼ぶことがある）。「福音」はギリシア語のエウアンゲリオン（良い知らせ）の訳語である。英語ではゴスペル（Gospel）とも呼ばれ、元々は「Good News」という意味を持つ。つまり、イエス・キリストによってもたらされた「良い知らせ」のことである。この言葉を「罪からの贖《あがな》い」「滅びからの救い」「来たる時の復活」と、それぞれの教会や信者がその意味を理解したり、説明したりする。

しかし、わたしはこれらのイメージがあまりにも漠然としていて、中身が伴っていないと感じることがある。むしろ、先ほどの高校生のレポートに、わたしが声なき声として聞き取った言葉のほうがしっくりくる。それは、福音とは厳しい現実の中にあってもわたしを突き動かす、神が与えたとしか思えない「生きたつながり」である。なによりも今を生きる上で、特に苦境を越えていくためには、そうした人のつながりや共同体は極めて重要だ。このように教える立場にありながら、実際には生徒や学生から教わることも多い。

そして、このつながりは、喜びや感動によって創られるのではなく、むしろ悲しみや苦しみ、課題や苦境の中でこそ豊かに育まれていくものだ、とわたしは考えている。

聖書に描かれるマイノリティの物語

聖書には、抑圧された人や疎外された人たち、いわゆるマイノリティに関する物語が意外に多い。例えば、旧約聖書の出エジプト記は、当時覇権を握っていたエジプトで奴隷として生きていた古代イスラエルの人々が、モーセを指導者として解放されていく物語である。また創世記に登場するアブラハムは、自分の故郷や家族を離れて旅をするように神によって促されることで、人生の物語が始まっていく。

アブラハムの子イサクや孫のヤコブも、またヤコブの息子であるヨセフも同様で、理由はそれぞれ異なるが、家族の元を離れる旅を必ず経験している。それは、旅先ではよそ者として見られる体験であり、マイノリティとして生きる出来事でもあった。つまり、自分にとって快適な場、ストレスや脅威が少ない安全な空間「コンフォートゾーン」(Comfort Zone) から出ていき、危険な場所に身を置くように強要された人たちだ。

また、旧約聖書の預言者たちも、多くの人々(マジョリティ)が信じたい、あるいは聞きたい言葉でなく、むしろ多数者の態度を問題視する厳しい言葉を語った。それらは常に少数者の側に立つ姿だと言えるだろう。

重荷を背負う人に届けられる言葉

聖書では、この痛みを負わされた人々における「つながり」や「連帯」をどのように描いているのだろうか。マタイによる福音書一一章二八―三〇節で、イエスは次のように語っている。

疲れた者、重荷を負う者は、だれでもわたしのもとに来なさい。休ませてあげよう。わたしは柔和で謙遜な者だから、わたしの軛《くびき》を負い、わたしに学びなさい。そうすれば、あなたがたは安らぎを得られる。わたしの軛は負いやすく、わたしの荷は軽いからである。

もし家族や同僚が、この聖書箇所にじっと見入るわたしを見つけてしまったなら、「相当疲れているるな」「思いつめていないだろうか」と心配させてしまう文言である。しかし、この言葉の通り、わたしたちは現実社会の中で重い課題を背負うことがあり、また強要されることがある。疲弊し切ってしまい、荷物の重さに呻《うめ》くようにして一日が始まることもあるだろう。世界には多くの宗教があるが、中には信じれば辛いことは嘘のようになくなって、楽にそして幸せになれると説得するものも多い。しかし、わたしたちはそんな単純な世界には生きてはいない。神を信じていない人も信じている人も、それぞれの人生において課題や重荷を選び取ったり、強いられたりすることがあるからだ。

そして、イエスもそんな耳当たりの良いことは言わない。むしろ疲れ、重荷を背負う人に向かって、「わたしの軛を負いなさい」と不思議な言葉を語る。今まさに、自分を疲れさせるものから解放されたいと願っているのに、さらに軛を負わなければならないのか、と暗い気持ちにさせられそうだ。

イエスが語った「くびき」の神秘

イエスの発言に登場する「軛」とは、農耕器具の一種で、動物などに重い荷物を運ばせるためのものである。現代では農業の機械化などによって見かけることが少なくなったが、かつては世界中で広く使用された農具である。イエスの時代においても、牛やロバに軛をつけて重い荷物を引かせることで広範囲を耕すことができた。軛は大きく二種類あるようだ。ひとつは、一頭だてのもので、一頭の家畜でできるだけ効率よく重荷を引かせるもの。もうひとつは、二頭だてのものである。二頭の家畜をガッチリと組み合わせて使用し、より重いものや長時間引かせる時に使用される。

わたしたちが人生において疲弊し、あるいは道半ばで力尽きてしまうのは、常に一頭だての軛で重荷を引いているからだろう。しかし、イエスはここで、二頭だての軛を想定して語っている。先ほどのイエスの語りかけには、軛の一方にすでにイエス自身がおり、もうひとつの空いた場所に読み手を招く姿を想像することができる。「あなたの荷物は、このようにしてわたしが一緒に引けば楽になるから。より長い距離を行くことができるから」という想いが「わたしの軛は負いやすく、わたしの荷は軽い」という言葉に秘められている。

たしかに、たったひとりの作業とは違い、相性のよいペアなら力を合わせてより重い荷物を、より長い時間引き続けることができる。一頭が疲れてしまっても、もう一方が頑張って引くことができるからである。必要に応じて、互いにほんの少しずつ休むことも可能である。そうすれば、一日の作業が終わって疲れることがあっても、疲れ果てて倒れることは少ないだろう。理不尽で複雑な世界の中で、課題や重荷を前へと進めるための、イエスの想いが込められた知恵、それが軛というつながりである。

そしてこの軛の「つながり」は、順風満帆の人や、権勢を持つ人たちのものではない。今まさに、人生の課題の中で苦しみを生きている人のものである。同じ重荷や、痛み、悲しみを共有する人たちや、マイノリティとして苦境を強いられた人々の間でこそ実践でき、そこでこそ不思議な力が発揮されるものである。

いつか人の軛を背負う人へ

新約聖書には、パウロが書き残した手紙がいくつも収められており、新約聖書の中の使徒言行録には彼の生涯の一部が紹介されている。それらを読む限り、パウロは、数多くの苦しみや課題、迫害を経験した人物であったことが分かる。なにかしらの重い病気、もしくは障がいを抱えてもいたようで、そのせいで伝道活動がうまくいかなかったことを記しているし、実際に会ってみると他人から話がつまらないと言われていたとも書いてある。伝道活動をしたことで、多くの敵意をぶつけられ、牢屋に入れられたこともある。そんな苦しみを経験したパウロは、人の大切な生き方として、「喜ぶ人と共に喜び、泣く人と共に泣きなさい」（ローマの信徒への手紙一二章一五節）と勧めた。これは喜びだけでなく、涙するような悲しみや苦しみさえも共有する姿であり、前述のイエスの発言や、生徒が書いたレポートにも通じるものがある。パウロがこの生き方を勧めたのは、彼自身も苦しい時に、自分の荷物を一緒になって背負ってくれる人たちがいたからだろう。だから手紙の受け取り手たちにも、誰かの苦しみを共に背負い、生きたつながりを生み出す生き方をするよう訴えたのだ。

自分の軛を誰かに一緒に引いてもらった人は、いつか他の人の軛を一緒に担っていく。それこそが聖書が伝える共同体（コミュニティ）に違いない。

未来をつかむ

神聖なのは過去か現在、それとも未来？

わたしたちは時の流れに身を委ねながら生きている。わたしたちが時計などで意識する時間は過去から現在、そして未来へと常に同じ速さで進んでいく。もし、「過去」「現在」「未来」という三つの時間の中で最も重要なのはどれかと問われたら、どれを選ぶだろうか。

約二〇〇〇年前にルキウス・アンナエウス・セネカというローマの政治家・哲学者がいた。彼はキリスト教徒ではないが、イエスとほぼ同時代に生きた人物である。セネカが書き残した文章の中に、過去、現在、未来の三つの時間でどれが最も神聖かを論じている箇所がある。セネカは三つの時間の中で、「過去」が最も神聖だと主張した。それは彼が、時間が一度過ぎて過去になると運命の外に運び去られてしまう、と考えたからだ。そうなると誰も手出しできない。人間だけではない。人が避けたいと願う貧困や恐怖もこの過去を捉えることはない。それこそ二〇二〇年から世界的規模で人間社会に打撃を与えた新型コロナウイルスや他の疫病も同様だ。だからセネカは、過去が神聖だと主張したのであった。

確かに、現在も未来も、人が関われば変化を与える可能性がある。けれども、過去はそうではない。過去には触れられず、どうすることもできない。だから、わたしたちは過去を激しく悔やんだり、強く、そして長くそれにとらわれるといった経験をする。

「過去」と「未来」を扱う聖書の物語

聖書にも、過去や未来を念頭に置いた議論が交わされている箇所がある。ヨハネによる福音書九章一―七節はそのひとつである。

さて、イエスは通りすがりに、生まれつき目の見えない人を見かけられた。弟子たちがイエスに尋ねた。「ラビ、この人が生まれつき目が見えないのは、だれが罪を犯したからですか。本人ですか。それとも、両親ですか。」イエスはお答えになった。「本人が罪を犯したからでも、両親が罪を犯したからでもない。神の業《わざ》がこの人に現れるためである。わたしたちは、わたしをお遣《つか》わしになった方の業を、まだ日のあるうちに行わねばならない。だれも働くことのできない夜が来る。わたしは、世にいる間、世の光である。」こう言ってから、イエスは地面に唾《つば》をし、唾で土をこねてその人の目にお塗りになった。そして、「シロアム――『遣わされた者』という意味――の池に行って洗いなさい」と言われた。そこで、彼は行って洗い、目が見えるようになって、帰って来た。

この箇所は、目の見えない人とイエスとの出会いの物語である。イエスと出会った人の目が見えるようになったと報告している。その意味では、イエスの偉大さを伝えようとする奇跡物語になる。しかし、わたしはこの物語は単に奇跡を伝えた物語ではなく、もう少し別の意味、人の生き方や視点に関わる大切なことが示されていると考えている。

人間を強くとらえる「過去」のちから

まず、現代の感覚からは同意し難いことであるが、イエスが生きていた時代、特定の病気や障がいは何か悪いことをしたので神が罰を与えたと考えられていた。この場面で、イエスの弟子たちが「ラビ、この人が生まれつき目が見えないのは、だれが罪を犯したからですか。本人ですか。それとも、両親ですか」と問うているのは、当時の価値観を反映している。しかし、弟子たちがわざわざイエスに質問をしているから、もしかしたら弟子たちも当時のそうした考えに疑問を持っていたのかもしれない。この場面においても、セネカが主張した通り、「過去」が大きな力を持っている。

ちなみにカルトと呼ばれる集団は、「過去」をうまく利用する。現在の不幸の原因を、その人の過去に深く結びつけようと試みる。例えば、あなたの不幸は過去の行動に原因がある。いやもっと以前のあなたの先祖が罪を犯した結果だと主張したりする。過去であるから、その人にはもう触れることができず、修正できない。冷静に考えれば、かなり飛躍した論理だと分かるのだが、そこで登場するのが霊感商法やスピリチュアル商法といったものである。こうした商法は、人を過去に強烈な形で縛りつけた上で行われる。この状態を放置すればもっと酷《ひど》い不幸が訪れると不安にさせた上で、教祖の念が込められたとされる高価な品物を購入させていく。普段なら鼻で笑うような論理も、強烈な不安状態にさらされると簡単に受け入れてしまう。そんな心理的弱さを誰もが持ち合わせているのだ。

未来への視野とシロアム

先の聖書箇所におけるイエスの返答は当時の価値観とはまったく異なるものであった。イエスは、出会った人が抱える障がいは本人のせいでも、両親のせいでもない、と明確に当時の考えを否定した。その上で、この人の経験や苦境の中から神の業が現れてくる、と宣言したのだった。「これが悪かったから、この人はこんなに苦しんでいる」という過去ではなく、イエスは人の体験から生まれる出来事、「未来」について語ろうとする。

イエスは、皆の前でこうしたやりとりをした後に、目の見えない人の目に泥を塗って「シロアム」という池で洗うように伝えた。すると聖書は短く、この人は見えるようになったと報告している。通常は視力が回復したという意味で、「見えるようになった」と理解すべき場面である。しかし前述したように、わたしはこの場面に少し異なる意味をみたい。

聖書には、目の見えなかった人が目を洗ったのは、「シロアムの池」であったと記されている。そして、わざわざその名前の意味として「遣わされた者」という説明を加えている。ここに大切な意味が隠されているように感じるのだ。「遣わされる」とは、一体どういうことだろうか。それは、その人に特別な役割、特定の使命が付与された状態を指す。その時、「遣わす」という言葉を用いる。そうでなければ、この用語は使用しない。この目の見えない人は、その抱えた障がいによって、「悪いことをした者だから苦しんで当然だ」と考えられていた。「神から見捨てられ、生きる意味や価値のない存在」として、社会から切り捨てられていたわけである。だから、この場面は次のように理解してもよいのではないだろうか。シロアムに行って目を洗い、見えるようになったのは、役割を与えられて「神からこの世界に遣わされた自分」だったのではないか、ということだ。この人は、イエスとの出会いを通して、自らも神に遣わされた存在であり、そこに託された役割や使命があることが、初めて「見えるようになった」のだ。

確かに、この人の人生はとても厳しいものだっただろう。目が見えないことを自分の過去の行いや家族のせいにされてきたからだ。罰を背負った者として常に見られていた。しかし、辛い過去を生きてきた今の自分から神の業と言えるような出来事が起こされていく。そのことを信じる

（見る）ことができた。だから、わたしはこの物語は尊厳と使命の物語だと考えている。そして、使命や存在価値の問題は、障がいを抱えていようといまいと、わたしたち一人ひとりにとって極めて重要な課題であるはずだ。なぜなら、わたしたちも自らの価値や使命を見失うからだ。苦しさや厳しい体験の中でそれらを信じられなくなってしまうことがある。

　価値のないものとして扱われた存在に価値を見出す。これは聖書を貫く力強いメッセージのひとつである。例えば、マルコによる福音書において、イエスは自身の十字架と復活の出来事を「聖書にこう書いてあるのを読んだことがないのか。『家を建てる者の捨てた石、これが隅の親石となった。これは、主がなさったことで、わたしたちの目には不思議に見える。』」（一二章一〇―一一節）と語っている。これは、旧約聖書の詩編一一八編二二―二四節からの引用である。そこでは、「今日こそ主の御業の日。今日を喜び祝い、喜び躍ろう」という言葉が続いている。

　通常、その辺に転がる石は見向きもされない。宝石のようなものでない限り、価値が認められることはない。それどころか邪魔だと放り捨てられたり、無意識に踏まれていたり、あるいは蹴り飛ばされるだけだ。しかし、もしかしたら、そのように捨てられた石こそが、別の家を建てる際の土台や要石《かなめ》として用いられるかもしれない。つまり、この詩編は、人が価値を認めず、捨てられてしまった石に対して神が与える価値と未来を語った言葉になる。イエスも十字架刑において、邪魔者として人々に見捨てられて殺されてしまった。しかし、まさに見捨てられたイエスという石を土台にして、後にキリスト教という新たな共同体が生まれていく。前述のイエスが関わった目の見えなかった人物も、当時の宗教的慣習においては、その辺に転がっている石ころのように価値のない存在として、神からも見捨てられた人だと見られていた。しかし、そのひとりの人間（石ころ）は、本当の価値を取り戻していったのだ。

カリフォルニアのある施設において

アメリカのカリフォルニア州リッチモンド市に広域リッチモンド宗教間プログラム（Greater Richmond Interfaith Program）という組織がある。組織名称の頭文字をとってグリップ（ＧＲＩＰ）と呼ばれる。グリップは一九六六年に、周辺地域のプロテスタント諸教派やカトリック、さらにはユダヤ教のリーダーたちが共同で始めた超教派・超宗教の組織である。リッチモンドは、場所によっては貧困や犯罪が深刻化する地域である。この団体は、保護されない人や自立に向かう必要のある人たちに安全で保養に満ちた場所を提供することをミッションステートメントとしている。だから、特に貧困問題への取り組みを重点的に実践する施設と言える。

わたしは、かつて教会の有志たちと一緒にこの施設で、夕食提供のボランティアを何度かしたことがあるが、その頃は昼に二〇〇人以上の人々に食事を無料で提供し、また路上で生活する人々のシェルターとしての役割も担っていた。その他にも、職業訓練を提供し、就職の斡旋なども行っていた。当時この施設に、人々の相談に乗ったり、食事の世話をする黒人スタッフがいた。

このスタッフは、若い頃に薬物依存に陥っていた。その頃は路上で生活する日々を送っていたそうだ。しかも彼の歳の離れた二人の兄たちは、若い頃に薬物依存が原因ですでに亡くなっていた。その頃の彼は、「自分もいずれ薬物によって同じような末路を辿るだろう」と自暴自棄になっていたという。

蝶はサナギに戻ることはない

薬物依存の生活が続く中、彼はある時に、薬物使用の容疑で警察に捕まって刑務所に入れられてしまう。そんな時でも、「薬物しか知らない自分はずっと刑務所にいたほうがいい」と考えるほど彼の心は塞《ふさ》がれていた。しかし、刑務所の中で、彼はある人から次のような言葉を受け取る。

地を這《は》う青虫は、蝶になる前にサナギとして硬く覆われた殻の中に入る。しかし一度殻から出て蝶になると、もう二度と殻の中には戻らない。蝶は二度とサナギには戻らないんだ。この牢屋での時間は君にとってさなぎの期間なんだ。

この言葉を聞いた当初、彼にはその意味がまったく分からなかったという。しかし、この言葉はその後もずっと彼の心の底に残り続けていた。その後、彼は刑務所を出所し、薬物依存から少しずつ立ち直っていく。そして最終的に、グリップでスタッフとして働くことになった。そこでの彼の役割は、かつての自分と同じように路上で生活する人や薬物依存に苦しむ人たちへのケアとサポートである。彼は、先ほどの体験を共有してくれた時に、加えて次のようにも話してくれた。

今こうしてわたしは薬物依存から立ち直り、かつての自分と同じような苦しみを抱える人が集まる場所で働いている。人の痛みを理解する者として、この人たちのために働くことができている。あの時の苦しい経験が今につながっている。不思議なことに、長く理解できなかったあの言葉の意味が、今は、わたしにははっきりと理解できるんだ。

彼は自分が殻に閉じこもるサナギの苦悩を経て成長したこと、同時にかつての苦悩の体験こそが現在の自分を形作っていることを知り、そこに隠されていた自らの使命に気づいたのである。その意味で、彼にとって、その刑務所やグリップという施設は、イエスが目を洗いなさいと言ったシロアムだったと言えるのではないだろうか。それは、このスタッフが過去の厳しい体験の中から現れてきた自分の価値や使命が見えるようになった場所だからだ。わたしは、キリスト教の学校や教会は、こうした自分の価値や使命が見えるようになる場所、それらを発見する場所であってほしいという想いを抱いている。

クロノスの中でカイロスを掴み取る

最初に、時間は常に同じ速さで経過していくと書いたが、しかし実際には、その感じ方は状況によって変わるだろう。何かに没頭する時にはより早く、退屈な時には長いと実感するからだ。また子どもの頃と比べて、大人になってから時間の経過が早く感じる、という人は多い。

新約聖書はもともとギリシア語で書かれているが、「時間」を表す単語には大きく二つ存在する。ひとつは「クロノス」であり、これが通常わたしたちが過去から未来へと線になってつながっていくように意識する時間である。もうひとつは「カイロス」であり、これは線というよりも点（ポイント）に近い。わたしたちにグサッと突き刺さってくるような瞬間でもある。このような時間を、「絶好の機会」とか「またとないチャンス」という言葉で表現することがある。その瞬間を逃してしまうと、もう触れることができない時間（瞬間）を意味するからだ。

例えば、桃やみかんなどの果物には食べ頃があるが、それを過ぎてしまうと一気に腐敗が進んでいく。果物の糖度が高ければ腐敗するのも早くなるが、食べ頃を逃してしまえば、果実そのものが味わうことのできない状態に変わってしまう。まさしく、カイロスはこの食べ頃に近い感覚だ。例えば、ギリシア神話の中のカイロスという神は、面白いことに、前髪は垂れ下がるほど長いのに、頭の後ろは剃《そ》り上がった姿として絵画で表現されているものがある。これは、そのカイロスが自分に向かってくる時には、その前髪を掴んでチャンスをものにすることができるが、いったん通り過ぎてしまえば、後ろ髪が剃り上がっているので摑めない。つまり、その機会を逃してしまう、という想いを具現化しているからだろう。

ちなみに、四つの福音書の中で最も早く書かれたとされるマルコによる福音書では、イエスの宣教活動における第一声は次の言葉であった。

時は満ち、神の国は近づいた。悔い改めて福音を信じなさい。（一章一五節）

ここでの「時は満ち」の「時」にもカイロスが使われている。イエスはこのチャンスを逃さないように「悔い改めて福音を信じなさい」と呼びかけた。「悔い改め」という言葉には、メタノイアというギリシア語が使用されている。元々は、メタ（移す、変える）とノイア（視点、視座）が合わさった言葉であるから、「視点や立場を移してみなさい」ということになる。また「福音」には、本来「良い／喜ばしい知らせ」という意味がある。つまり、イエスは当時のローマ帝国の支配下、重税に苦しみながら生きる人々に向かって、「喜びに向かって自分の立ち位置、視野を変えていきなさい」と語りかけたことになる。わたしたちの日常でも、少し立ち位置や理解の仕方を変えて物事を捉えると、それまでとはまったく異なった世界が見えることがある。すると、誤った見方をしていた後悔もあるだろうが、同時に新たな視野に導かれる喜びもあるはずだ。だから聖書の「悔い改め」は、決して暗いイメージだけではない。

その人にふさわしい時と出会い

キリスト教の学校や教会がシロアムであってほしいと書いたが、シロアムにおいては場所も大切であるが、同時に出会う人も大切だろう。なぜかというと、同じ場所であっても、必ずしも自分の価値や使命を発見するとは限らないからだ。ヨハネによる福音書に登場した目の見えない人がイエスと出会った時のように、また前述のグリップのスタッフのように、場所だけでなく、ふさわしい人との出会いが大切であるように思う。聖書の登場人物やグリップのスタッフには、心の目が開かれる瞬間と場所、そして人が与えられた。そしてわたしたちにも、そうした場所や人が与えられる時がきっとあるはずだ。

第5章　待ち望む

暗闇に届いた言葉

特殊な時間で一日が始まる聖書

キリスト教のルーツはユダヤ教にある。イエスもユダヤ人であり、またユダヤ教徒であった。イエスの弟子たちも同様である。そしてユダヤ教の特徴のひとつはメシア待望にある。メシアとは「救い主」を意味する言葉であり、これがイエス・キリストと呼ぶ際の「キリスト」にあたる。

ユダヤ人たちの古代イスラエル王国は、紀元前一〇〇〇年に即位したダビデ王と、その息子で知恵王として知られたソロモン王の時代には栄華を極めた。しかし、良かったのはこの時くらいである。その後、王国は南北に分裂し、長く周辺の列強国の支配を受け続けた。例えば、アッシリア帝国や新バビロニア帝国に戦争で負けた時には、戦争奴隷として捕囚を経験している。さらには、ペルシャやマケドニアなど、また約二〇〇〇年前のイエスの時代にはローマ帝国の支配下に置かれていた。そうした暗黒時代を生きる人々の間で、かつてのダビデ王のような、自分たちの栄光や誇りを取り戻すリーダー（救い主）が神から与えられると期待されるようになった。これがメシア待望運動であった。キリスト教は、イエスこそ待ち続けたメシアだと信じた人々によって、ユダヤ教から枝分かれする形で独自の信仰を形作っていった宗教である。そしてユダヤ教はメシアをまだ待ち続けている宗教だと言える。

旧約聖書に収められた書物は、メシア待望の過程で編纂されたものが多いが、聖書の興味深い特徴のひとつに、「一日が始まる時間」を挙げることができる。わたしたちの多くは、時間的には午前〇時に日付が変わると認識し、新たな一日が始まったことを頭で理解する。しかし、体感としては朝目覚めた時に、あるいは日の出と共に新たな一日の始まりを感じるだろう。けれども聖書は日没から、つまり夜が始まりゆく中で一日を開始するという極めて独特な時間感覚を持っている。例えば、創世記冒頭には天地創造物語が描かれており、七日で世界が出来上がったとされる世界観がある。一日一日が終わるたびに、必ず「夕べがあり、朝があった」と報告されるのだが、これは原文のヘブライ語のまま訳されている。通常は、「朝があり、夕べがあった」になるはずだが、夕べが先に来ているのは日没から一日が始まると考えるからである。

ではなぜ、古代のユダヤ人たちは現代のわたしたちからすると不思議な時間感覚を得たのだろうか。これを説明する時に、ユダヤ人たちが歩んできた先ほどの暗黒の歴史に注目する研究者たちがいる。他国の支配と圧政を受けながら生きる日々は厳しい闇の世界でもある。しかし心を挫《くじ》かれる暗さの中でも、人はその一日を生きていかねばならない。つまり、夜の中を歩んでいかなくてはならない。そうした精神性が、日没という闇が深まる中で一日を始めるという特殊な感覚を身につけさせた、というのだ。わたしは、この説明に人の力強さを感じさせられる。わたしたたちが恐れ、怯《ひる》むような闇を前にして、あるいは眠ってしまえば無防備となる状況で、その時間を神に委ねながらそれぞれの一日を前進させようとする想いが伝わってくるからである。

闇が闇でなくなるとき

聖書には、闇の中でも前進しようとする人の想いが描かれた箇所がある。そのひとつは詩編一三九編だ。そこには次のような言葉が書かれている。

主よ、あなたはわたしを究《きわ》め、わたしを知っておられる。座るのも立つのも知り、遠くからわたしの計らいを悟っておられる。歩くのも伏すのも見分け、わたしの道にことごとく通じておられる。わたしの舌がまだひと言も語らぬさきに、主よ、あなたはすべてを知っておられる。前からも後ろからもわたしを囲み、御手をわたしの上に置いていてくださる。その驚くべき知識はわたしを超え、あまりにも高くて到達できない。どこに行けば、あなたの霊から離れることができよう。どこに逃れれば、御顔を避けることができよう。天に登ろうとも、あなたはそこにいまし、陰府《よみ》に身を横たえようとも、見よ、あなたはそこにいます。曙《あけぼの》の翼を駆って海のかなたに行き着こうともあなたはそこにもいまし、御手をもってわたしを導き、右の御手をもってわたしをとらえてくださる。わたしは言う。「闇の中でも主はわたしを見ておられる。夜も光がわたしを照らし出す。」闇もあなたに比べれば闇とは言えない。夜も昼も共に光を放ち、闇も、光も、変わるところがない。（詩編一三九編一－一二節）

詩編は、はるか昔の人々が神への想い（問いかけや信頼）を歌った信仰の歌である。この歌は、人生に訪れるいかなる起伏の中でも、また、その時々にどんな想いを抱えたとしても、理解し寄り添う神を言い表そうとする。そして、神のみ守りは天や陰府、あるいは古代の人にとって世界の果てを意味する「海のかなた」にあったとしても変わらない、と歌い伝える。

興味深いのは後半である。闇の中でも神が見ているから夜も昼と変わらない、と不思議なことが言われている。神の前では、闇はもはや闇とは言えないらしい。夜や闇といった厳しい体験の中にあっても、神の光が自らを照らし出してくれるという信頼があるからだ。

入学式の夜に届いたメール

わたしは現在、キリスト教主義の大学で教員として働いているが、同時に大学チャプレン（牧師）としての働きも担っている。現在の職場に移ったのは二〇二〇年であるが、その年の四月は入学式を行うことができなかった。新型コロナウイルスのパンデミックが始まった数カ月後だったからである。だから、翌年の二〇二一年四月に、二年ぶりの入学式が行われることになった。

前年春の入学式は中止になっていたので、午前にその年の新入生に向けた入学式、午後に前年度に入学した学生たちのお祝い式が行われることになった。

まだパンデミックは終了していなかったので、感染予防の一環として、対面参加は学生に限られた。しかし、健康上の理由などで参加ができない学生や新入生の保護者たちのためにライブ映像がYouTubeを使ってオンライン配信された。こうして外部の大型ホールを使って午前と午後に、それぞれ約二五〇〇人を対象とした礼拝式典が行われることになった。その年の新入生は全体の約七八%が対面の礼拝式典に参加し、前年の二〇二〇年度生は約四八%が参加した。

当日の入学式とお祝い式において、わたしはチャプレンとして聖書朗読、祈禱《きとう》、祝禱《しゅくとう》を担当することになった。もともとわたしは、お祈りなどでは定型文などを使わないが、この時は特に祈りや祝禱の言葉を練り直し、そのあり方を見直すことにした。それは、パンデミックのせいで過去の約一年間、さまざまな制限を課せられ、また多くの楽しみや活動を諦めざるをえなかった新入生や新二年生たちに生きた言葉を届けたかったからである。式典最後の祝禱では、それぞれの厳しい体験の中にも固有の意味や使命を見出してほしいとの願いから、「皆さんにはかけがえのない賜物《たまもの》が与えられており、一人ひとりの道には意味があります。そしてその道を切り開くことができるのは、皆さんご自身であって、神がその道を照らしてくださるでしょう」と語りかけてから、祝禱に入ることにした。ほとんどの学生には特別に映らなかっただろう。大学で初めてキリスト教やその礼拝を体験する者がほとんどであるため、そもそも式自体が奇異なものとして映っていたかもしれない。

しかし、その晩にわたしはある学生からメールを受け取ることになる。それは式典の対象ではなかった、新しく四年生となった学生からであった。入学式当日、この学生の YouTube のお勧め動画として、不思議なことに在籍大学の入学式が登場したそうである。その時に、この学生は知人の子が後輩として入学したことを思い出し、その動画を視聴し始めた。

挫折体験、深い闇の中で受け取る言葉

後に、この学生と面談して判明するのだが、彼はかつて進学校とされる中学校に入学していたが、そこで大きな挫折を体験していた。彼によれば、そこは軍隊式の規律を重んじる学校で、学級委員が担任の意図を汲んでクラスメイトにさまざまな指令とも言える指示を下す所であった。学級委員を引き受けたこの学生は、その責務を果たそうと、熱心にクラスの生徒に指令を出すが、そうすればするほどクラスで浮いた存在となっていく。そして、ついに居場所を失って不登校に陥ってしまう。

通学が困難になったことで、高校は通信制を選択するしかなかった。それは挫折の体験であり、またレールからはずれてしまったという羞恥の体験だったようだ。その後の大学受験では、周囲を見返すために難関大学を目指すも失敗、一浪した末にわたしが勧めることになる大学に入学す

る。その後も、挫折の連続の体験が尾を引いたのか、大学の学びには主体的になれなかった。さらに、二年生で始めたバイト先では職場での重圧と過重労働で体調を大きく崩し、その年は一単位さえ取得できずに終わってしまう。

その後も体調不良に苦しみながら新四年生となって迎えた二〇二一年四月、高校時代の同級生たちはすでに大学を卒業し、新社会人としての希望溢れる写真をＳＮＳ上に投稿していた。一方この学生は浪人した一年に加え、単位未取得の一年間もあり、四年生を開始する時点で大学生活五年目がすでに確定していた。つまり、かつての同級生から二年も遅れてしまった事実が、この学生の挫折感と劣等感を激しく再燃させていたのである。こうして彼は、暗い気持ちで後輩たちの入学式を視聴し始めた。

闇の中で前進する人の姿

そんな暗い気持ちの中で視聴し始めた入学式であったが、式典中の祈りや祝禱直前の語りかけが、まるで自分に向けられて語られていると感じた、とこの学生は言う。ついには動画を視聴しながら涙が溢れ出してきたそうだ。その時にこの学生は、「これまでの歩みが意味あるものであったかは、これからの自分次第だ」と再起を決意したという。そして、この時の決意の感謝を伝えるために、入学式の晩にわたしにメールをくれたのである。そこには、「大学に通って単位を取ることは桜のように華やかではなく、地道で時には骨の折れることでもありますが、確実に自分の力となると信じてあと二年間努力します」と綴られていた。

「骨の折れること」と書かれていた通り、その後の学生生活が激変したわけでもなく、心身の不調と付き合う平坦な道ではなかったけれども、この学生は予定よりも半年早い、二〇二三年の秋に卒業していった。最後の半年は、友人と立ち上げた勉強サークルに入部した後輩のために尽力したことを知っている。かつて自分のことで精一杯であった彼は、学習障がいを抱えて学業が滞り、ひとり暮らしの生活が破綻して不眠と食欲不振に陥った後輩を、大学の学生支援を担う部署に取り次いで生活を再建するサポートをしてみせた。ここに闇の中で前進した人、闇の出来事の中で光に向かってもう一度歩き始めた人の姿が見えてくるように思う。

働きと言葉はちゃんと誰かに届く

結果的に、わたしが用意した言葉がわたしのまったく知らないところである学生を励ましたことになるのだが、実は大きな励ましを受け取ったのはわたしのほうであった。この学生が感謝のメールをくれたことで、自分の言葉がちゃんと人に届いていると知ることができたからだ。加えて、このことが当時傷ついていたわたしを励ましてくれた。

二〇二〇年四月、わたしはかつての職場から現在の大学に働きの場を移したが、ちょうどパンデミック本格化と同じタイミングであった。新たな職場に知り合いがいない中、会議や授業などすべての仕事がオンラインになった。書類一枚でさえどこに出せばよいか分からず、誰に相談すればいいのかも分からない。Ｚｏｏｍの授業では学生の反応は見えない。ただし、時折なぜか学生のミュートが外れ、熱唱する声が聞こえてきたり、親に「この課題が難しい」と話している声が聞こえたことはあったのだが。そして、授業時間外もオンライン授業のパワーポイント作りに明け暮れた。そして、ある時、自分が鬱《うつ》傾向にあると感じる瞬間があった。その時に「自分がこの状況にすごく傷ついているのだ」と気づいたのだ。それまでやりがいを感じてきた生徒や同僚との関わりを、新たな職場とパンデミックはことごとく奪い取っていった。パンデミックという特殊な社会状況に放り込まれ、もはや自分が意味のある働きをしているのか信じられなくなっていたのだ。

自分を見失いそうになりながら、なんとか前進して辿り着いた一年後の入学式の夜、先述の学生からわたしに感謝のメールが届いた。その時に、自分の言葉がちゃんと誰かに届いていること、自分の働きの成果を受け取っている人がいることを教えられた。だから、今は、たとえ気づかなかったとしても、自分の働きが誰かに届いている可能性を信じることができる。もしかしたら、たったひとりかもしれないが、確かに届いているのだ。この本を読んでくださっている人の働きも同様だ。多くの場合、わたしたちはそのことに気づくことはないが、こうした出来事が訪れる時に自分の働きが無駄ではなかったと知ることがある。

同じ暗さでも暗闇には二種類ある

昔、わたしの父が言っていた言葉がある。「暗闇には二種類ある」というもので、幼い頃から何度かこの言葉を聞かされた。父はすでにこの世を去っているが、彼はその二種類の暗闇を「朝方の暗闇」と「夕方の暗闇」として区別していた。この二つは、たとえ暗さが同じであっても、まったく異なる状況を意味する。朝方の闇は、たとえまだ辺りが真っ暗であっても、そこから少しずつ明るくなっていく闇である。一方、夕方の闇は、そこから闇がどんどんと濃くなっていく。同じ暗さの闇であっても、向かう先は大きく異なっている。

新約聖書には、イエスの公の活動を記した福音書が四つ収められているが、イエスの復活が知らされる時間は、マタイによる福音書では「週の初めの日の明け方に」（二八章一節）、マルコによる福音書では「週の初めの日の朝ごく早く、日が出るとすぐ」（一六章二節）、ルカによる福音書では「週の初めの日の明け方早く」（二四章一節）、ヨハネによる福音書では「週の初めの日、朝早く、まだ暗いうちに」（二〇章一節）とある。つまり、明け方のまだ暗い闇の中で、イエスの復活が報告されていることは興味深い。大切な師であるイエスを十字架刑で失った弟子たちは、その後大きな闇の世界、失意や悲しみ、喪失感や自責の念へと放り込まれていく。まさに暗闇だ。そして復活の朝、まだ弟子たちはその闇の中にいる。しかし、たとえまだ暗闇の中にあったとしても、復活の朝は朝方の闇なのだ。そこにいる人たちの状況は、光が増していく出来事の中にすでに位置づけられている。幼い頃から父に前述の二種類の闇について聞かされてきたわたしにとって、この復活の明け方の描写は絶望に立つ人の未来を想像させるものになっている。

わたしたち人間には、光と闇の出来事を自分で選ぶことができない。人生から、闇の出来事として認識される苦しみや悲しみをすべて取り除くことはできない。また、闇を光に変える力も持ち合わせていないだろう。しかし、たとえ暗闇のような現実を生きることがあったとしても、人はどちらの闇を生きているかを選択することができる。今まさに自分を打ちのめす闇が、光に向かっている朝方の闇であると信じるかどうかは、人間に委ねられている。つまり暗い闇の中に立たされても、またその暗闇を一変する力を持っていなくとも、向かう方向や姿勢は信じて選ぶことができるはずだ。

イエスの復活の出来事の描写は、人が経験する闇の出来事が、神の前では朝方の闇として、そこから光に向かっていくことを信じさせるものとなっている。朝方の闇に自らを位置づけて、もう一度歩み始めていく姿はなんと力強いことだろうか。やがてその人の全身を光が、温かな太陽の輝きが包み始めるだろう。

絶望に宿される望み

気にも留めなかったことに視野を向ける時

思い起こせば、これまでの多くの時間を「楽しみ」や「喜び」にとらわれて生きてきたような気がする。特に若い頃は顕著で、何かをする時の基準は常に「楽しいかどうか」であったように思う。けれども人生には、それまで自分がほとんど目を向けなかったことについて考えさせられる瞬間がある。そうした変化は、往々にして人との出会いによって起こるが、堀越比佐子さんはわたしにそうした変化をもたらした人だった。

ここまでのエピソードで、わたしが以前アメリカの日系教会で牧師として働いていたこと、また日系人が体験した強制収容所のことを書いたが、堀越さんは収容所経験を聞かせてくれた人のひとりである。堀越さんは、一世と呼ばれる親の世代の中で、わたしが唯一、直接収容所の体験を聞くことができた人であった。当時、第二次世界大戦終結から六五年は経っていた。だから、子どもの頃に収容所を体験した人にはよく話を聞くことができたが、親の世代でそれを経験した人の多くは、わたしが渡米する二〇〇九年以前にすでにこの世を去っていた。

堀越さんは、二〇代前半で連れ合いの牧師（キャスパー堀越）と共にアメリカに渡った。一九三九年のことだった。連れ合いがオレゴン州のセーラムにある日系教会に招聘《しょうへい》されたからだ。次にワシントン州のワッパトにある日系教会に働きの場を移した時、第二次世界大戦が勃発した。二人は子どもたちを連れてワイオミング州のハートマウンテンという強制収容所に収容され、そこで終戦までを過ごすことになる。戦後は、カリフォルニア州のオークランド、アラメダ、フローリン、ウォルナッツクリーク、サンノゼ、フレズノ、そしてカナダのトロント、コロラド州のアルバダと数々の日系教会に関わり、まさに北米西海岸にある日系教会の生き字引のような存在であった。わたしが出会った時、彼女はすでに九四歳になっていた。

堀越さんは、わたしが働く教会のメンバーではなかったが、わたしが牧師のいない他の日系教会の集まりをお手伝いするようになったことで交流が生まれ、互いの住まいが近かったこともあってよく食事に誘われた。こうした交流の中で、収容所の体験を聞く機会が増えていった。わたしと連れ合いは、ある夏の休暇に車で何日もかけてカリフォルニアの自宅から一〇〇〇キロ以上も離れたハートマウンテン収容所を訪問した。現地で収容所跡の写真をたくさん撮って帰り、後日、彼女に見せた。その中には、資料館に展示されていた当時の礼拝案内に彼女の夫の名を見つけて撮った写真も含まれていた。彼女は、自身の体験話をきっかけにわざわざ遠く離れた収容所跡まで足を運んだことをとても喜んでくれた。そして、わたしたちの教会は彼女に、コミュニティに向けた教会の集まりでご自身の戦争体験を話してほしいと依頼した。彼女は、過去をよく知らない世代と自身の体験を共有することに意義を感じ、快く応えてくれた。

　こうして交流はさらに深まり、わたしの教会の聖書を学ぶ会にも参加されるようになった。彼女は、わたしが日本に帰国して初めて迎えた二〇一五年の夏に九九歳で召天された。亡くなる直前に家族の助けを借りて国際電話をかけてきてくださり、それまでの交流のお礼の言葉を伝えてくださった。

一輪の花、その茎《くき》に宿る美しさ

　彼女が収容されたハートマウンテン収容所は、一〇カ所の強制収容所の中で最北に位置し、冬には雪が積もる極寒の地に変わる。この収容所に入れられた人々は、最初の冬が到来しようとした時、冬を越えられるかと不安に陥ったという。収容所に入れられた人々は温暖なアメリカ本土西海岸に住んでいたため、ほとんどの人が厚手のセーターやコートなど極寒用の服を持っていなかったからだ。しかし、大きな不安を抱える中、ある時、収容所に大量の段ボールが届けられる。そこにはたくさんの冬用衣服が詰め込まれていた。アメリカの白人たちが多く集う教会からクリスマスプレゼントとして贈られてきたものだった。当時、日系人は多くのアメリカ人たちのヘイト（憎悪）にさらされたが、中には事態に心を痛めて寄り添おうとした人たちもいたのだ。

　彼女の証言で、特に心に残っている話がある。彼女によると、収容所に入った当初は身の回りに色がなかったという。こうした表現は、大規模な自然災害の被災者たちの証言にも見ることができるが、失望や喪失を映し出す表現なのかもしれない。収容所にはもちろん土の茶色や雪の白色など色が認められたはずだが、人の心を彩るものが存在しない。そうした大切なものを失っている心の渇きが、「色がない」という言葉で表現されているように感じる。

堀越さんによれば、収容所内で唯一鮮やかな色を見つけることができたのは、毎日曜日のキリスト教の礼拝場所だった。収容所内にはキリスト教の礼拝や、仏教の集会などを行う宗教スペースが確保されていた。そしてキリスト教の日曜礼拝で飾ることができるように、外部の白人たちの教会から毎週、花束が送られていた。礼拝が終わると集まった婦人たちで一輪ずつ、それぞれの住居棟に持ち帰ったそうだ。堀越さんは、その一輪の花を小さな花瓶に移し、一週間眺め続けた。次第に花びらも葉っぱも枯れ落ちていく。しかし、たとえ茎だけになったとしても、彼女はそれを眺め続けた。その時のことを思い出しながら、「あの花のなんと美しかったことか」と生き生きと語られた。わたしにもなんだか見えるような気がするほど、鮮やかにその想い出を話すのであった。

わたしたち現代人は、多くの華やかな色に囲まれて生きている。けれども、たったひとつの茎が持つ美しさを感じ取る感性がわたしたちにあるだろうか、と考えさせられた瞬間でもあった。この話を聞きながら、収容所の過酷な体験は、厳しいからこそ真実なものに心を向けさせられた空間でもあったのだろうと感じたのだ。堀越さんがある時、それまでの人生での体験を話しながら、次のように発言されたことがあった。

苦しみの中にこそ本当の喜びがある。苦しみのない喜びは本物じゃない。苦しみの中に幸せを見出せたら、周りの人も救われる。苦しんでいい。でもそれで終わったらだめ。

人と人をつなぐ苦しみの共同性

「だいじょうぶですよ」——これがいつも人から相談を受けた時や、悩んでいる人に彼女がかける言葉であった。これまで多くの人が、とりわけ異国の地で生活する日本人移民たちが、こうした彼女の温かさに包まれ、励まされてきたことだろう。しかし、人を包み込む温かさを持つ堀越さんも、移民先アメリカの生活において、収容所体験など数多くの苦しみを味わった人でもあった。その彼女が、本当の喜びとは苦しみの中にあると語ったのだ。このときから、わたしは「苦しみや悲しみが持つ意味」について少しずつ考えるようになった。多くの場合、苦しみは「個人の体験」だと認識される。だから、自分の苦しみは他の誰にも理解できないと感じることが多い。ところが、堀越さんはその人生を通して、悲しみや苦しみの共同性に目を向けていたのだ。

人生には苦しみがつきまとう。しかし、そこで終わってはいけない。なぜなら、苦しみや絶望のただ中で、もし人が慰めや希望を見出すことができれば、それは同じような苦しみを生きる人たちにとっての慰めや希望になりうるからだ。だから彼女は、人生において苦しんでもいいが、「それで終わってはいけない」と語ったのだ。ここに、個人を越えた苦しみの共同性、人と人とをつなぐ悲しみや苦しみの不思議な力が見えてくる。

わたしたちも人生において、重い課題や悲しみ、あるいは苦しさを味わうことがある。しかし、もし、わたしたちがそこに慰めや希望を見つけたとすれば、それは他の同じような人たちを支えうるものを見つけたのだ。このように、堀越さんは「苦しみや悲しみ」には、個人の領域を越えた力があると教えてくれた人だった。

悲しみの先を見つめるイエス

聖書の福音書で語り伝えられるイエスも、苦しみや悲しみの先を見ようとした人であった。意外に思う人が多いかもしれないが、イエスは自分を信じる人には不幸や嫌なこと、苦しみが一瞬にして無くなってしまうとは言わなかった。信じれば幸せだけが訪れるといった耳当たりの良いことは何ひとつ語っていない。どちらかと言えば、イエスは神を信じて生きる人たちが背負う課題、出遭わされる苦しみを隠さずに語った人である。例えば、以下の言葉はその中のひとつである。

はっきり言っておく。あなたがたは泣いて悲嘆に暮れるが、世は喜ぶ。あなたがたは悲しむが、その悲しみは喜びに変わる。女は子供を産むとき、苦しむものだ。自分の時が来たからである。しかし、子供が生まれると、一人の人間が世に生まれ出た喜びのために、もはやその苦痛を思い出さない。ところで、今はあなたがたも、悲しんでいる。しかし、わたしは再びあなたがたと会い、あなたがたは心から喜ぶことになる。その喜びをあなたがたから奪い去る者はいない。（ヨハネによる福音書一六章二〇―二二節）

この発言は、イエスが十字架で殺される前夜のものである。いわゆる「最後の晩餐」として知られた時間と空間での発言だ。この直後にイエスは捕えられ、その後、裁判にかけられる。最後は、当時のローマ帝国が採用した最も惨《むご》たらしい刑罰（十字架刑）によって処刑されてしまう。

これらの発言は、この後に訪れる弟子たちの深い失望や悲嘆を思って、イエスが語りかけた言葉になっている。イエスの活動は約三年間と言われるが、弟子たちにとっては寝食を共にし、その生き方で神への信頼を教えてくれた師であるイエスを失うのだ。弟子たちの中には、自分の生業《なりわい》や家族を捨てて従ってきた者も多い。その人たちにとっては師を失うだけに留まらず、多くのものを捨ててまで従ったものに価値がなかったと突きつけられる危機的体験だ。今まで自分たちは何のために生きてきたのだろうか。そこで味わう喪失感は計り知れないだろう。そして、ここでの悲嘆は、直後の弟子たちの失意に加えて、もっと後の時代の迫害、ヨハネによる福音書が書かれた紀元一世紀末の教会が直面した迫害を念頭に置いたものとしても読むことができる。

苦しみや悲嘆を目の前にする弟子たちに向かって、イエスは同時に、その先にある喜びについて語ろうとする。イエスが出産の苦しみをどれだけ理解していたかは分からないが、ここでは出産の苦しみにたとえてその喜びを物語っている。命懸けの出産の苦しみ。しかし、その先に誕生の喜びがある。同じように、弟子たちもまた心が折れるような悲嘆や悲しみを乗り越えて、本当の喜びに出会うというのだ。

砂漠の中でさえ宿るアート

一般的には知られていないが、「ガマンアート（The Art of Gaman）」と呼ばれる芸術作品群がある。これは、日系アメリカ人が強制収容所内で作った日用品、芸術作品の総称である。アメリカ本土の砂漠地帯のような場所に一〇カ所建てられた収容所は、アメリカ軍が急ピッチで建設したために非常に粗末なものであった。また、そこには人を収容するために必要な最低限のものしかなかった。例えば、長屋のようなバラックに複数の家族が同居させられたが、部屋を仕切る壁などは想定されていなかった。また、共同トイレも当初は、個室はおろか間仕切りさえもない。隣の人から丸見えの状態で用を足さないといけない環境であった。そんな状態であるから、収納するタンスはおろか、机や椅子といった生活に必要な家具はもちろんなかった。

そうした中で、日系人たちはアメリカ軍が住居棟を建てる時に残していった廃材を使って机や椅子、さらにはタンスや仏壇さえも自分たちで造っていくことになる。バラック内の間仕切りや、共同トイレの壁なども同様である。こうしてある程度の日用品が揃い始めると、次に各種の芸術作品が制作されていく。収容生活の終わりは見えないから、時間だけはある。だから多くの人が何かしらの制作作業に没頭したのだろう。

これらの制作物の多くは、戦後しばらく各自の家のガレージ奥などに仕舞われていたそうだ。そして二世たちの多くは、自分の子どもや孫たちに、こうした作品や収容所体験についてあまり語らなかった。おそらく、被爆体験者が戦後しばらく自身の体験を語ることができなかったような、強烈な苦痛を強制的に負わされた人に共通するトラウマがあったのかもしれない。しかし、ある時にそうした作品群に注目し、一軒一軒回ってそれらを預かり受けたり、写真を撮った人がいる。そして、「我慢」の中で造られた「ガマンアート」として発表し、次第に知られるようになっていった。

ガマンアートの特徴は、まず困難な中で素材を見つけたことにある。日々の食糧だけはアメリカ政府が支給してくれる。食材が詰め込まれて運ばれてきた木箱や麻袋は丁寧に解体され材料にされていく。例えば、玉ねぎが入っていた麻袋は、一本一本丁寧に紐《ひも》が解かれて芸術作品に使う紐に変えられていった。果物などが入っていた木箱は、細かく刻まれ削られて、鳥の形をした木製ブローチや木彫り人形へと生まれ変わる。金属の廃材は溶かされたりして、ブリキのおもちゃなどに姿を変えた。ガマンアートには、貝殻で造られたブローチもたくさんある。わたしがこのガマンアートを知った時、収容所は砂漠のような場所に建っていたはずなのに、なぜ貝殻を使った作品があるのかと不思議に思ったものだ。調べてみると、いくつかの収容所の場所は、はるか昔（古代）には海底にあったそうだ。現在は乾いた大地が広がっているが、深く掘ると貝殻が出てきたのだという。こうして一つひとつの材料が見つけ出され、数々の作品が造り上げられていった。

もうひとつの特徴は、道具もすべて手作りであることだ。収容所には、武器に変わるようなナイフ類は一切持ち込むことが許されなかった。そこで、食堂で使うバターナイフをこっそり持ち出して、片側を削ってナイフに変える人がいた。また、金属の廃材からハサミやのこぎりなどが造られた。荒れ地に放置されていた動物の捕獲用器具もうまく形を変えて利用される。作品を磨くためのサンドペーパーは、お米を練って作った糊《のり》を段ボールに塗り込み、そこに砕いたガラスを貼り付けて作られた。

わたしはガマンアートを知って、人には偉大な力が与えられており、それは他人には奪えないのだと考えさせられた。「信仰」や「尊厳」といっていいのかもしれない。どんな失意や悲嘆の中に放り込まれたとしても、奪えない尊厳が人にはある。神から与えられたとしか思えないものがあることを、このガマンアートは教えているように感じたのだ。

苦しみの中で見えないものを望む

例えば、ローマの信徒への手紙八章二三―二五節には次のような言葉が登場する。
たとえ見えなくとも、そこに大切なものがある。聖書は、そうしたことを力強く伝える書物だ。

被造物だけでなく、〝霊〟の初穂《はつほ》をいただいているわたしたちも、神の子とされること、つまり、体の贖《あがな》われることを、心の中でうめきながら待ち望んでいます。わたしたちは、このような希望によって救われているのです。見えるものに対する希望は希望ではありません。現に見ているものをだれがなお望むでしょうか。わたしたちは、目に見えないものを望んでいるなら、忍耐して待ち望むのです。

これはパウロが書き残した言葉であるが、この箇所の前提にあるのはこの世界における苦しみである。それが「うめき」という言葉で表現されている。しかし、そのような中でこそ見えないものを望む。そこにこそ希望が宿ると語られている。

過ぎ去った人たちが前方に見える

堀越さんは、ある時にこんなことを言われた。彼女は九九歳の死の直前までしっかりとされていたので、人生の後半は、連れ合いを含めた多くの友人や知人たちの死に立ち会ってきた。九〇歳に近づいた時、人の死に立ち会うたびに多くの仲間が天に帰って寂しいと思っていたそうだ。しかし、ちょうど九五歳を超えた頃から考え方に変化が生じたそうである。

自分の死を意識するようになってから、かつて人の死に立ち会うたびに、後ろに過ぎ去っていったように思えていたそれらの人たちが、ある時、前に見えるようになってきたというのである。自分の人生や命の道の前方に、それらの人たちがいて待っている。そして、いつか再会できると思えるようになり、楽しみに変わったそうだ。

わたしたちが苦しみや悲しみの先に何を見るのか。それがわたしたちの歩みを大きく変えていく。

確かに未来はある、あなたの希望が断たれることはない。(箴言二三章一八節)

見えないものを待ち望む

「見えないもの」の大切さ

「見えるもの」と「見えないもの」。どちらが人間にとって大切なのであろうか。資本主義においては、圧倒的に「見えるもの」が価値を持っている。

フランスの作家サン＝テグジュペリが書いた有名な小説に、『星の王子さま』がある。わずか数十歩で一周できてしまう小さな星からやってきた王子さまと、砂漠に不時着した飛行士との出会いが描かれた小説だ。この小説は一枚の絵についてのやりとりで始まる。飛行士がいじわるで描いた絵は、帽子にしか見えない。しかし王子さまは、これがウワバミという大きな蛇がゾウを飲み込んでいる絵だとすぐに理解してしまう。つまりこの小説の冒頭から、「見える世界の奥にあるもの」を捉える王子さまの感性が提示されている。

王子さまは、ある時にいくつかの星を訪ねる旅に出るのだが、最後に立ち寄ったのが地球であった。そして地球のある庭の前を通りかかった時に、王子さまは愕然《がくぜん》としてしまう。なぜなら、そこには自分の星に存在した一輪のバラとまったく同じものが数多く咲き乱れていたからである。

自分のバラは特別だと思っていたのに、それが唯一無二のものではなかったこと、自分は何も特別なものを持っていないという事実が王子さまを打ちのめしたのだ。

この物語で大切な役割を演じるのは、この失意の中で出会うキツネである。キツネとの対話を通して王子さまは、自分のバラが唯一無二なのは外見ではなく、心の関わり合いという内面的なものによることを学んでいく。キツネはこう語る。

心で見なくちゃ、ものごとはよく見えないってことさ。かんじんなことは、目に見えないんだよ。

こうして王子さまは、見えないものを捉える力と感性を身につけていく。その後、王子さまは砂漠で飛行士と出会って一緒に泉を探しに行く途中、飛行士に不思議な言葉を語りかける。「砂漠が美しいのは、どこかに井戸をかくしているからだよ」。不可解な言葉であるが、なんとこの言葉を耳にした途端、飛行士の目には砂漠がみるみる姿を変え、多くの泉が姿を現していく。そしていつの間にか飛行士もこう答えるようになるのだ。「そうだよ、家でも星でも砂漠でも、その美しいところは、目に見えないのさ」。このように、小説の冒頭から終わりまで貫いているのは、「見えないものを見る」というテーマであることが分かる作品だ。

この小説が長く世界の多くの人々に愛されてきたのは、こうしたテーマが読む人々の心に響いたからだろう。わたしたちの社会や世界を覆っているのは物質中心主義だ。そして、見えるお金の前では、環境や命といった目では捉えにくい大切な問題はかすんでしまう。よく見て、考えないとその価値が捉えられないからだ。服や財産、お金といった見えるものに囚われていく人間社会の中で、『星の王子さま』は、目には見えないけれども本当に大切な事柄についてわたしたちに問いかけてくる。

神が存在するなら化学式で

以前、わたしがキリスト教主義の高校に勤めていた時のことである。学期末試験で回収した答案用紙の裏に、当時の高校三年生が次のような言葉を書き込んでいた。

わたしは、目に見えないものは存在すると信じていません。もしあるなら、物質として化学式で表してほしいです。

すでに他のエピソードで書いたように、学校には「いい子教」信者と思われる生徒もいれば、こうして疑問や反論をストレートにぶつけてくる生徒もある。確かに神は見えない。神を化学式で表すなんて考えたこともないから、面白い発想だと言わざるをえない。「はい、これ神です」「わたしの中にある感動です」「この公式に当てはめれば分かります」と言って相手に見える形で示すことができれば、少しは想いや思考を伝えるのが楽になるだろうか。しかし、そのようには提示できない事柄がこの世界には多く存在するだろう。命や思いやり、感情といったものはそう簡単にはいかない。

この生徒のように、「目に見えるものしか信じない」考え方や生き方もあるだろう。「目で見える」ものに依存し執着するわたしたちにとって、「見える」事実はとても重要なことのように映る。しかし聖書は、どちらかといえば、「見えないものをどれだけ大切に受け取ることができるか」を信条としているところがあるからやっかいだ。だから、現代ではあまり流行らないのかもしれない。例えば、ヘブライ人への手紙には、次のような言葉が登場する。

信仰とは、望んでいる事柄を確信し、見えない事実を確認することです。昔の人たちは、この信仰のゆえに神に認められました。信仰によって、わたしたちは、この世界が神の言葉によって創造され、従って見えるものは、目に見えているものからできたのではないことが分かるのです。（ヘブライ人への手紙一一章一―三節）

ヘブライ人への手紙は、紀元八〇―九〇年の間に書かれたとみる研究者が多い。そして迫害に対する忍耐を説いた書物だと言える。読んでいると、いくつか目に付く単語がある。例えば、「苦し（み）」や「弱（さ）」といった言葉だ。新共同訳聖書のヘブライ人への手紙には、「苦し」は九回登場し、「弱」は七回、「試練」や「忍耐」は五回ずつ登場する（「耐え忍ぶ」は別に三回）。これらは書かれた当時の厳しい迫害体験が前提になっているからだろう。そうした環境の中で、ヘブライ人への手紙は「信仰」について面白い定義を試みている。信仰とは見えない事柄を望み、確信し、追い求めていくことだというのだ。

また、ローマの信徒への手紙には、次のような言葉が登場する。

見えるものに対する希望は希望ではありません。現に見ているものをだれがなお望むでしょうか。わたしたちは、目に見えないものを望んでいるなら、忍耐して待ち望むのです。（八章二四―二五節）

先のエピソードで語ったように、この言葉の前提になっているのは「うめき」だ。人生には辛いことや苦しいこと、思わずうめいてしまう出来事がたくさんある。これは神を信じている人も同様である。一見、宗教とは、その神を信じたら不幸や苦しみから完全に解放されると宣伝しているように映るだろう。実際にそのようにアピールするものも多い。しかし、少なくとも聖書は、そんな都合の良いこと、耳当たりの良いことは言ってくれない。神を信じている人でも、その人生には信じていない人と同様に苦しいことや辛いことが必ず起こる。信仰は、不幸がすべて消え去る「おまじない」ではない。しかし、信仰はそれらをどのように乗り越えていくかを教えてくれるものだ。

そうした人生の中で、聖書は「見えないものを待ち望むこと」を勧める。逆にわたしたち現代人の多くは、見えることや認識できていることが重要である。こうした価値観では、「見えないもの」は不確かで意味のないものとして扱われてしまうだろう。多くの場合そこには希望がない。なぜなら、希望も見えないからだ。自分の望んでいることが目の前に広がっていないと人は信じることができない。また、その苦しみの先にあるものを見ることもない。だから希望を感じられない。それゆえ現代は、希望が持ちにくい時代だといえる。

アメリカ、ある教派のキャッチフレーズ

わたしは以前、アメリカの北カリフォルニアにある日系教会で牧師として働いていた。一九〇四年に日本からの移民たちが建てた教会で、現在はアメリカのプロテスタント教派「United Church of Christ」に属する教会だ。この教派は、頭文字をとってＵＣＣと省略されることが多い。余談だが、この教派の会合に日系スーパーで日本のＵＣＣの缶コーヒーを買っていくと、特別にロゴを入れたのかと勘違いされて大喜びされる。二〇〇円に満たないお土産で十分お釣がくる驚きっぷりと喜びようだ。

アメリカのキリスト教の教派であるＵＣＣは、ひとつのキャッチフレーズを掲げている。それは次の言葉である。

Never place a period where God has placed a comma.

神さまがコンマを置いておられる所にピリオドを置かないで。

ご存じの通り、ピリオドは文章の終わりに打つもので、一文が完結したことを示す。一方、コンマは文の途中に置くことで、文章が継続していることを表すものだ。人は生きる中で数々の課題や絶望、辛さを経験する。そして時に、「もうだめだ」と自分の人生にピリオドを打ちたくなる時もある。これまでの人生の中で、読者にもそんな瞬間があっただろうか。後で振り返ると「自分はなぜ、あんなに小さなことで悩んでいたのか」と可笑《おか》しくなることがあるかもしれない。しかし、悩んでいる時は真剣だ。ある種の戸惑いや挫折体験を抱えながら、今を生きている人もあるだろう。しかしＵＣＣのキャッチフレーズは「勝手にピリオドを打たないで」「人が絶望し、終わりだと思うその場所でも、神は何かを始めておられるのだから。そこにあるのはピリオドではなく、コンマだから」と訴えてくる。

コメディ俳優の生き様を示す言葉

ＵＣＣのキャッチフレーズは、グレイシー・アレン（一八九五―一九六四）というコメディアンが残した言葉から採られている。サンフランシスコ生まれのグレイシーは、歌手や俳優として、特にコメディアンとして活躍した人物である。連れ合いのジョージ・バーンズと共にコミカルな演技で有名となり、多くのラジオやテレビに出演している。

グレイシーは一九五八年に引退したが、心臓病を抱えており、最期はその発作でこの世を去っている。一九六四年のことであった。少しずつ弱りゆく彼女をみて、連れ合いのジョージはひどく落ち込んだ。死にゆくグレイシーにとってこのことが最大の心配事であり、また心残りであったようだ。

グレイシーの死後、しばらくしてジョージは、机の上に残された一通の手紙を見つける。そこには妻グレイシーから自分に宛てた言葉が認《したた》めてあった。その中に、先ほどの言葉が記されてあったのだ。

ジョージ、神さまがコンマを置いておられる所にピリオドを置かないで。

通常、わたしたちの多くは「死はすべての終わり」だと考えるだろう。死は人間にとって動かすことができない最大の障がい物となるからだ。死ぬという事実を誰も変えることができない。ジョージもそれにとらわれて、「死によってグレイシーと自分との関係は終わる」と考えていたのだろう。だから、グレイシーの死は彼に大きな喪失感をもたらした。グレイシーはそのことが悲しかったのだ。それゆえ見えることだけにとらわれ、失望している夫に死を超えて語りかけようと手紙を残したのである。「神を信じるわたしたちにとって死は終わりではないでしょう。イエスを死から立ち上がらせた神の前では、死は終わりではない。いつかわたしたちは、神のもとで再会するじゃない」そんな想いを手紙に託していたのだ。

これはひとりの俳優の生き様を表す言葉である。人によっては、勝手な思い込みだと言うかもしれない。しかし、これこそがグレイシーにとっての真実であり、希望だったのだ。そしてこの見えない希望が、失意の中に放り込まれてしまった夫ジョージの、その後を支えていくことになる。

UCCは、このグレイシーの言葉を自分たちのキャッチフレーズにした。確かに人間は、そしてわたしたちは、挫折や障がい物にぶち当たるときに「お先真っ暗だ」とピリオドが打たれたように感じることがある。自分自身で終止符を打ちたくなることもあるだろう。そのような状態を、「絶望」や「虚無」という言葉で表現することがある。わたしたちが日々経験するそうした挫折は、ひとりの人間の心を砕くだけの強い力を持っている。しかし、わたしたちは、そこでコンマを選び取る力を育んでいかねばならない。

人間の中にある「ともし火」

聖書を読んでいると、身体の重要な部分について語る箇所がいくつかあることに気づく。例えば、内臓はそのひとつでもある。ただし、これは聖書に限ったことではなく、例えば漢字では極めて重要なことを「肝心」「肝腎」と書く。これらは内臓が人間にとってとても重要なことを示している。ちなみに、聖書では内臓が特別な感情と関係している。その感情とは「憐れみ」であり、神やイエスが主語の時にだけ使われる特別な語句がある。それがギリシア語の「スプランクニゾマイ」（はらわたがちぎれるほど突き動かされる）だ。これは、「スプランクノン」という内臓を意味する言葉から生まれている。本当の憐れみ、相手を思いやるというのは、自分にとって最も大切な部分がキリキリと痛む、そうした痛みを伴った感情であるという理解が見える言葉だ。日本語の「同情」という言葉は、どちらかというと客観的な感情のレベルで捉えられやすいが、聖書の「憐れみ」は主観的な痛みを伴っていると言えるだろう。

聖書にはもうひとつ、大切な部分として示される身体の箇所がある。それが次の言葉の中に登場する「目」だ。

体のともし火は目である。目が澄んでいれば、あなたの全身が明るいが、濁っていれば、全身が暗い。だから、あなたの中にある光が消えれば、その暗さはどれほどであろう。（マタ

イによる福音書六章二二―二三節）

通常、太陽などの外の光が物質に反射し、目の中に入ることでわたしたちは物の形や色を捉える。しかし、イエスの時代は身体の中に光があって、それが目から外に漏れ出して目の前を照らし、その光が当たったところが「見える」と考えられていたようだ。それは夜に走る車のヘッドライトに近いかもしれない。車に内蔵されたライトから照射された光が当たったところが見えるといった感覚だ。

この理解における重要な前提は、「神がその人の内に光を与えている」ということである。そして、その与えられた光をそのまま外へと映し出す身体の器官が目だ。だから、たとえ目が澄んでいても、身体の中に神が与えた光を保っていなければ映し出す光はそこにはない。面白いことに、ここで「澄む」と訳されているギリシア語は、やや日本語のニュアンスとは異なっている。日本語において「澄む」というと、混じり気のない、純粋で透明といった意味になるだろう。しかし、新約聖書のギリシア語で使われている言葉は、二つのものを見ずにひとつだけをちゃんと見ている状態を指す。人はさまざまなものに魅了されて「あっち」や「こっち」に目移りしてしまうが、そうしてばかりでは大切なものは見えてこない。多くの誘惑の中で、しっかりと自分にとって大切なものに顔を向け、与えられた光で捉えている状態が、ここでの「目が澄む」ということになるだろう。

こうして考えると、聖書で描かれる目は、単に視覚的に物事を捉える器官ではないことが分かる。人間の内に与えられた神からの光。それを外へと映し出して真理や真実、自分にとって大切な「なにか」を捉えようとする人の姿。その時に重要となるのが目であるが、捉える対象は「見えるもの」とは限らない。時には、心の視野と言い換えることができるだろう。それは視野を狭《せば》めさせる欲望や闇の中でこそ、その真価を発揮する。

闇の中でしか知ることができない光

わたしたちの人生には、明るく満ち足りた喜びを生きることもあるが、どんよりとした雲に覆われたり、底なしの沼に足を突っ込んだかと思う出来事もあるだろう。そうした人の現実の中で、詩編一三九編一一節は次のような言葉を語っている。

わたしはいう「闇の中でも主はわたしを見ておられる。夜も光がわたしを照らし出す」

わたしたちは、人生において、多くの闇ともいうべき暗い出来事を経験するのであるが、この詩編は、夜でも神の光が自分を照らすと不思議なことを語る。確かに、わたしたちは夜の闇の中でこそ、月や星の光を強く意識する瞬間がある。暗闇が深ければ、なおのことその光は強調される。

同様に、わたしたちは闇の中でしか知ることのできない光もきっとあるのではないだろうか。このことを信じることができる時、どのような苦境があったとしても、わたしたちにコンマを選び取る力を与えてくれるはずだ。

あとがき

本書を手に取ってくださり、ありがとうございます。

この本には、わたしが出会ってきた人々の言葉や生き方がいくつも登場します。わたしは、これまで牧師として二つの教会に勤めました。東京にある日本キリスト教団霊南坂教会と、アメリカのUnited Church of Christに属するSycamore Congregational Churchです。そして帰国後は、二つのキリスト教学校に勤めました。東京にある明治学院高等学校と、現在、教員および大学チャプレンとして働く桜美林大学です。これに大学院生時代に非常勤講師として教えた同志社香里高等学校を含めると三つの学校になります。これらの場所で多くの人との出会いと関わりを与えられてきました。時に、その出会いはわたしに自省を促したり、新たなことに目を向けさせたりするもので、人間や人生について捉え直す示唆を含むものでした。

以前、あるキリスト教の月刊誌に、聖書の「復活」を教育現場から捉え直す原稿を執筆したことがあります。その時の担当編集者がヘウレーカの共同代表である森本直樹さんでした。その月刊誌が無事発行された後、森本さんから、さまざまな苦悩の中で「顔を上げられずにいる人たち」に言葉で寄り添い、顔をあげる力を共有する本を書きませんかと依頼されました。これが本書の生まれるきっかけです。

自分には書く力が不足していると自覚しつつも、励まし上手な森本さんに背中を押されて書き始めることになりました。この作業はわたしにとって、前述のように、これまでに出会ってきた人や交わした言葉を想い起こす貴重な体験でした。教え子たちや同僚、お世話になった人生の先輩や恩師、忘れていた親との会話など、さまざまです。そうした出来事が蘇るたびに、何度も筆がとまりました。改めて、人は出会いの中で、また交わす言葉に揺さぶられ、突き動かされ、時にはチャレンジを受けたりしながら成長していくのだと感じます。

読者の皆様には、キリスト教の信仰が浮世離れしているものではなくて、わたしたちが直面する現実の中で問いながら深められることを感じてもらえれば幸いです。苦悩や悲しみ、失意の中にも意味を発見した人たちの、折れてしまわない「しなやかな強さ」を読み取っていただければさらに嬉しいです。そして、ご自身のこれまでの体験や出来事を改めて振り返る機会となり、そこから「今日、顔を上げて生きていく決意」につながれば、これほど大きな喜びはありません。

このような機会を与えてくださったヘウレーカの皆さまには感謝いたします。本書に、前で導き後ろから寄り添う神について書きましたが、そのように支えてくださった森本さんには特別な感謝を覚えています。そして、出会いの中で気づきをもたらしてくれた友たちに、また、会話を通して視点の変化をくれた連れ合いの工藤万里江に感謝します。

二〇二五年二月

佐原光児

参考文献

『聖書』（新共同訳）日本聖書協会
『新約聖書』（新約聖書翻訳委員会訳）岩波書店、二〇〇四年
ヴィクター・N・オカダ『勝利は武器によるものでなく――日系アメリカ人キリスト者戦時下強制収容の証言』今泉伸宏訳、新教出版社、二〇〇二年
小平尚道『アメリカ強制収容所――第二次世界大戦中の日系人』フィリア美術館、二〇〇四年
コレッタ・スコット・キング編『キング牧師の言葉』梶原寿・石井美恵子訳、日本キリスト教団出版局、一九九三年
サン＝テグジュペリ『星の王子さま』内藤濯訳、岩波書店、二〇一七年
志樹逸馬『新編　志樹逸馬詩集』若松英輔編、亜紀書房、二〇二〇年
セネカ『人生の短さについて――他二篇』茂手木元蔵訳、岩波書店、一九八〇年
竹内敏晴『ことばが劈《ひら》かれるとき』（第二二刷）、筑摩書房、二〇一九年
デルフィン・ヒラスナ『尊厳の芸術　強制収容所で紡がれた日本の心』NHK出版、二〇一三年
同志社大学人文科学研究所編『留岡幸助著作集』全五巻、同朋舎
藤井常文『福祉の国を創った男　留岡幸助の生涯』法政出版、一九九二年
松本雅彦『こころのありか――分裂病の精神病理』日本評論社、一九九八年
DVD　フィリップ・ファラルドー監督『グッド・ライ～いちばん優しい嘘』ポニーキャニオン、二〇一五年

著者紹介

佐原光児（さはら・こうじ）

1978年生まれ。同志社大学大学院神学研究科博士前期課程修了後、日本キリスト教団霊南坂教会（東京都）、アメリカ合同教会シカモア組合教会（Sycamore Congregational Church、アメリカカリフォルニア州）において牧師として働く。在米中に太平洋神学校（Pacific School of Religion）にて宣教学博士（Doctor of Ministry）取得。その後、明治学院高等学校聖書科教諭を経て、現在、桜美林大学准教授及び大学チャプレン、桜美林幼稚園園長（2025年4月～）。

著書に『希望する力 —— 生き方を問う聖書』（新教出版社、2019年）、共編著に『無我夢中 —— 桜美林学園の創立者・清水安三の信仰と実践』（新教出版社、2022年）など。

おそれない

暗闇と孤独に届けることば

2025年3月3日　初版第1刷発行

著　者　佐原光児

発行者　大野祐子／森本直樹

発行所　合同会社 ヘウレーカ

http://heureka-books.com

〒180-0002　東京都武蔵野市吉祥寺東町 2-43-11

TEL : 0422-77-4368

FAX : 0422-77-4368

装丁　末吉　亮（図工ファイブ）

印刷・製本　精文堂印刷株式会社

ISBN 978-4-909753-21-2　C 0016

▶本書のテキストデータを提供します

視覚障がい、読字障がい、上肢障がいなどの理由で本書をお読みになれない方には、電子データを提供いたします。左のテキストデータ引換券（コピー不可）を同封し、ご住所とお電話番号、メールアドレスを銘記のうえ、下記まで郵送でお申し込みください。メールでお送りします。

〈宛先〉〒180-0002　東京都武蔵野市吉祥寺東町 2-43-11

図書出版ヘウレーカ　テキストデータ係

テキストデータ引換券

おそれない